# DEFFRO'R DDRAIG

# Deffro'r Ddraig

## Rygbi Cymru yn yr Oes Broffesiynol

## 1995–2024

SEIMON WILLIAMS

**CYNGOR LLYFRAU CYMRU**

ISBN: 978 1 80099 620 5
Argraffiad cyntaf: 2024

© Seimon Williams a'r Lolfa Cyf., 2024

Mae Seimon Williams wedi datgan ei hawl dan
Ddeddf Hawlfraint, Dyluniadau a Phatentau 1988
i gael ei gydnabod fel awdur y llyfr hwn.

Cedwir pob hawl. Ni chaniateir atgynhyrchu unrhyw
ran o'r cyhoeddiad hwn, na'i gadw mewn cyfundrefn
adferadwy, na'i drosglwyddo mewn unrhyw ddull na
thrwy unrhyw gyfrwng, electronig, electrostatig, tâp
magnetig, mecanyddol, ffotogopïo, recordio nac fel arall,
heb ganiatâd ysgrifenedig ymlaen llaw gan y cyhoeddwyr,
Y Lolfa, Talybont, Ceredigion, Cymru.

Mae'r prosiect Stori Sydyn/Quick Reads yng Nghymru
yn cael ei gydlynu gan Gyngor Llyfrau Cymru
a'i gefnogi gan Lywodraeth Cymru.

Argaffwyd a chyhoeddwyd gan
Y Lolfa, Talybont, Ceredigion SY24 5HE
*gwefan* www.ylolfa.com
*e-bost* ylolfa@ylolfa.com
*ffôn* 01970 832 304

# Cynnwys

Rhagarweiniad     7

Pennod 1: 1995–1998
Baglu i mewn i'r Oes Broffesiynol     9

Pennod 2: 1998–2002     18
Henry'r Gwaredwr

Pennod 3: 2002–2005     28
Dathlu o'r diwedd

Pennod 4: 2005–2008     38
Y Cymry 'nôl wrth y llyw – am y tro

Pennod 5: 2008–2011     47
Adfywiad

Pennod 6: 2011–2015     57
Oes Aur

Pennod 7: 2015–2017     67
Dreigiau a Llewod

Pennod 8: 2017–2019     75
Cymru ar ben y byd

Pennod 9: 2019–2024     81
Yn ôl i'r 90au?

Atodiadau: Ffeithiau a Thermau     93

# Rhagarweiniad

AR ÔL DYDDIAU DA'R 1970au, gwaethygodd pethau ym myd rygbi yng Nghymru dros y blynyddoedd nesaf.

Os oedd y gemau rhwng Cymru a Seland Newydd yn agos yn yr 1970au, agorodd bwlch yn yr 1980au – o golli 13–12 yn 1978, 23–3 yn 1980, 49–6 yn 1987 i 52–3 a 54–9 yn 1988. Ar ôl gorffen ar ben tabl Pencampwriaeth y Pum Gwlad wyth gwaith rhwng 1969 ac 1979, dim ond un llwyddiant ddaeth trwy gydol yr 1980au, gyda Choron Driphlyg 1988. Cafwyd un llygedyn o obaith wrth orffen yn drydydd yng nghystadleuaeth gyntaf Cwpan Rygbi'r Byd yn 1987, ond, ar y cyfan, gwael oedd pethau i'r tîm rhyngwladol.

Yn ogystal â'r trafferthion ar y cae, daeth problemau mawr oddi arno. Gydag economi Cymru yn gwanio, a'r tîm cenedlaethol yn colli, dewisodd nifer o chwaraewyr adael Cymru er mwyn chwarae rygbi'r gynghrair yng ngogledd Lloegr. Rhwng 1985 ac 1989, gadawodd chwaraewyr o safon, gan gynnwys Terry Holmes, David Bishop, Adrian Hadley, John Devereux a Jonathan Davies.

Ond os oedd yr 1980au yn anodd, roedd yr 1990au yn waeth.

Collwyd pob gêm ym Mhencampwriaeth Pum Gwlad 1990 – y tro cyntaf erioed i hynny ddigwydd. Un gêm gyfartal achubodd y tîm rhag yr un patrwm yn 1991. Yr haf hwnnw, aeth Cymru ar daith i Awstralia a cholli 71–8 yn erbyn New South Wales, a 63–6 yn erbyn Awstralia. Yng Nghwpan Rygbi'r Byd yn 1991, gyda'r holl gemau grŵp yng Nghaerdydd, collwyd yn erbyn Gorllewin Samoa ac Awstralia, ac roedd Cymru allan cyn y chwarteri.

Daeth pencampwriaeth arall yn 1994 – Cymru'n colli'r cyfle i ennill Camp Lawn wrth golli i Loegr ar ddiwrnod olaf y twrnament.

Ar ddechrau 1995, roedd y gêm mewn cyflwr ansicr. Ers blynyddoedd, bellach, roedd arian wedi dechrau ymddangos yn y gêm amatur hon. Yn hemisffer y de, roedd chwaraewyr yn cael eu talu'n agored. Yng Nghymru doedd dim hawl gan chwaraewyr i gael tâl am chwarae, nac i wneud arian ar ôl ymddeol trwy ysgrifennu neu sylwebu ar y gêm.

Wrth i Gymru baratoi at Gwpan Rygbi'r Byd yn 1995, ychydig iawn o bobl oedd yn deall cymaint oedd ar fin newid.

# PENNOD 1: 1995–1998

# Baglu i mewn i'r Oes Broffesiynol

COLLODD CYMRU BOB GÊM ym Mhencampwriaeth y Pum Gwlad yn 1995, ac fe gollodd yr hyfforddwr Alan Davies ei swydd. Alec Evans – y gŵr o Awstralia oedd yn hyfforddi Caerdydd – gafodd y swydd o dywys Cymru i Gwpan Rygbi'r Byd yn 1995. Yn ôl rheolwr y garfan, Geoff Evans, roedd Cymru yn "fwy na Seland Newydd, yn gyflymach, a gyda mwy o sgìl". Collwyd o 34 pwynt i 9 ac, ar ôl colli un o'r gemau gwaethaf erioed yn erbyn Iwerddon, roedd Cymru ar eu ffordd adref ar ôl naw diwrnod.

De Affrica enillodd y gystadleuaeth ac, o fewn wythnosau, roedden nhw, Awstralia a Seland Newydd wedi gwthio'r gêm amatur i droi'n broffesiynol. Y Cymro Vernon Pugh – cadeirydd y Bwrdd Rygbi Rhyngwladol – wnaeth y cyhoeddiad ym Mharis fis Awst, ond ychydig iawn o reolaeth oedd gan Gymru dros unrhyw beth oedd yn digwydd yn y gêm erbyn hyn.

Ddyddiau'n ddiweddarach, dychwelodd Cymru i Dde Affrica i chwarae – a cholli – y gêm brawf 'broffesiynol' gyntaf erioed, 40–11. Dyddiau'r cewri oedd y rhain, ac fe wnaeth y tîm cartref yn siŵr na fyddai cawr 6'10" Cymru, Derwyn Jones, yn aros ar y cae am hir. Derbyn ergyd gan Kobus Wiese ar ôl pum munud oedd cyfraniad olaf Derwyn i'r gêm. Cafodd Garin Jenkins, bachwr Cymru, gerdyn coch cyntaf yr oes newydd am daflu ergyd yn nes ymlaen.

'Nôl gartref, a Ffiji oedd y gwrthwynebwyr yn y gêm ryngwladol broffesiynol gyntaf yn y Stadiwm Genedlaethol. Gêm ddiflas, ond fe sgoriodd Neil Jenkins gais pert wrth redeg cic gosb yn agos at y llinell tra oedd y Ffijïaid yn cael sgwrs dan y pyst. Buddugoliaeth i Gymru am yr ail dro yn unig yn 1995.

Dechreuodd Cymru'n dda ym Mhencampwriaeth Pum Gwlad 1996 yn Llundain. Wrth chwarae'n fentrus, gwthiwyd Lloegr yn galed cyn i gamgymeriad Justin Thomas – oedd yn araf wrth geisio cicio o'r 22 – ildio'r cais allweddol i Jeremy Guscott. Yng Nghaerdydd, methodd Arwel Thomas â throsi cais hwyr Wayne Proctor ac felly'r Alban oedd yn fuddugol o 16 i 14. Digon o chwarae pert, ond yr wythfed golled o'r bron yn y Pum Gwlad oedd hi yn erbyn Iwerddon, yn Heol Lansdowne, nesaf. Ond, gan gadw'r gorau at y diwedd, roedd cais Rob Howley yn ddigon i ennill gêm olaf y tymor yn erbyn Ffrainc. Dim Camp Lawn i Ffrainc, Neil Jenkins yn torri record Cliff Morgan fel y maswr gyda'r nifer fwyaf o gapiau dros Gymru, a rhywbeth i godi'r galon ar ddiwedd tymor anodd.

Taith anodd oedd hi hefyd i Awstralia nesaf. Collwyd y ddwy gêm brawf – 56–25 a 42–3. Roedd Awstralia yn rhy fawr, yn rhy gyflym, ac yn rhy ffit, yn ôl yr hyfforddwr Terry Cobner.

Dechreuodd rhai o gewri'r 1980au a'r 1990au cynnar symud yn ôl o rygbi'r gynghrair i rygbi'r undeb. Yn ystod hanner cyntaf tymor 1996–97, daeth David (Dai) Young, Allan Bateman, Scott Gibbs, Scott Quinnell a Jonathan Davies yn ôl i garfan Cymru. Roedd gêm gyntaf Jonathan yn ôl yn y crys coch yn nodedig am reswm arall hefyd – hon oedd gêm olaf y dewin David Campese i Awstralia. Campese a gafodd y fuddugoliaeth ar y diwrnod, er gwaethaf cais Gareth Thomas i Gymru. Rhedodd Thomas hyd y cae, ar ôl rhyng-gipiad, i sgorio'r cais unigol pellaf yn hanes Parc yr Arfau.

Roedd yr hyfforddwr newydd, Kevin Bowring, yn awyddus i fanteisio ar ddawn Neil Jenkins fel ciciwr. Ond roedd hefyd eisiau gweld mwy o greu o safle'r maswr. Jonathan Davies ac Arwel Thomas oedd y maswyr y tymor hwn, gyda Jenkins yn chwarae fel cefnwr am y tro cyntaf i Gymru. Doedd Jenkins ddim yn hapus – "mae yna ddau gefnwr gwell na fi yn chwarae i Bontypridd," meddai – ond yn y safle hwnnw y byddai'n cynrychioli'r Llewod yn 1997.

Roedd gobeithion yn uchel wrth baratoi at Bencampwriaeth Pum Gwlad 1997. Cafwyd dechreuad perffaith. Tri chais mewn pum munud i Neil Jenkins (a basiodd 500 o bwyntiau i Gymru), Arwel Thomas ac Ieuan Evans yn arwain at fuddugoliaeth swmpus yng Nghaeredin yn erbyn yr Alban. Cais ar ôl 33 eiliad i Ieuan Evans ar ddechrau'r gêm nesaf – y cynharaf erioed gan Gymro – i godi gobeithion, ond daeth Iwerddon 'nôl i ennill gêm agos 26–25. Chwaraeodd Cymru'n wych ym Mharis – o bosib y perfformiad gorau yno ers gêm Graham Price yn 1975 – cyn colli'n hwyr.

Ffarwelio mawr oedd thema gêm olaf y tymor wrth i Jonathan Davies, Rob Andrew a Will Carling ymddeol o'r gêm ryngwladol. Collwyd nifer o flynyddoedd gorau 'Jiffy' i rygbi'r gynghrair, gyda bwlch o 12 mlynedd rhwng ei gap cyntaf a'i gap olaf. O'r herwydd, dim ond 32 o weithiau y chwaraeodd dros Gymru. Er hynny, rhoddodd nifer o eiliadau bythgofiadwy i'r cefnogwyr. Y gic a chwrs i sgorio o bàs wrthol Robert Jones yn erbyn yr Alban yn 1988. Ei ddwy gôl adlam yn yr un gêm i sicrhau'r fuddugoliaeth. Ei gais hyd y cae yn erbyn y Crysau Duon ar daith drychinebus 1988, a'r ffaith iddo ennill gwobr 'chwaraewr y gyfres', er mai ef oedd y capten a gollodd y ddwy gêm brawf mor drwm. Dewin a fyddai, o bosib, wedi sefyll gyda'r cewri – Cliff Morgan, Barry John, Phil Bennett – petai wedi aros yng ngêm yr undeb.

Hon hefyd oedd y gêm olaf erioed ar gae'r Stadiwm Genedlaethol, Parc yr Arfau, ar ôl 113 o flynyddoedd. Byddai'n rhaid chwalu'r stadiwm ar ddiwedd y tymor i godi stadiwm enfawr newydd ar gyfer Cwpan Rygbi'r Byd, a fyddai'n dod i Gymru yn 1999. Diweddglo siomedig i bawb oedd yn gobeithio am fuddugoliaeth dros yr hen elyn, wrth i Gymru golli 34–13. Ond Rob Howley gafodd y gair olaf wrth iddo redeg o hanner ffordd i sgorio'r cais rhyngwladol diwethaf yn yr hen stadiwm. Fyddai Cymru ddim yn chwarae yng Nghaerdydd eto am ddwy flynedd arall.

Er i Gymru fod yn anghyson, dewiswyd wyth o'i chwaraewyr i deithio gyda'r Llewod i

Dde Affrica yn 1997. Cafodd Scott Quinnell a Rob Howley anafiadau ar y daith a wnaeth eu hatal rhag chwarae yn y gemau prawf. Ond chwaraewyd rôl bwysig gan Scott Gibbs a Neil Jenkins, yn enwedig, wrth i'r Llewod ennill cyfres yn y wlad am yr ail dro yn unig.

Tra bod y sêr yn Ne Affrica, aeth Cymru ar daith i Ogledd America. Lliwiodd nifer o chwaraewyr eu gwalltiau yn felyn llachar. Roedd yr hyfforddwyr yn grac, am fod y pennau melyn yn eu gwneud yn rhy amlwg i'r dyfarnwr, ac felly bu gormod o giciau cosb am gamsefyll. Ond cafwyd tair buddugoliaeth mewn tair gêm brawf – dim un o fwy na 10 o bwyntiau – yn erbyn America (ddwywaith) a Chanada.

Roedd tymor 1997–1998 yn un gwahanol iawn. Gyda'r Stadiwm Genedlaethol yn araf gael ei thynnu i lawr, chwaraeodd Cymru gemau cartref yn Wrecsam, Abertawe (am y tro cyntaf ers 1954)... a Wembley.

Yn Wembley gwelwyd colled drom eto yn erbyn Seland Newydd. Cafodd Gareth Thomas y rôl o gadw Jonah Lomu'n dawel, ac fe weithiodd hynny! Nigel Walker oedd yn edrych ar ôl Jeff Wilson, ac fe wnaeth e ddangos y tu allan i Wilson sawl gwaith cyn ei dorri i lawr. Walker hefyd gafodd gais Cymru. Ond roedd Christian

Cullen yn wych, gan dorri trwy linell Cymru'n hawdd i sgorio *hat-trick*. Hon oedd gêm olaf y capten, Gwyn Jones, cyn y ddamwain ofnadwy yn ystod y gêm rhwng Caerdydd ac Abertawe ychydig wythnosau'n ddiweddarach a wnaeth orffen ei yrfa rygbi.

Gêm olaf Ieuan Evans oedd nesaf, yn Llanelli, wrth i Gymru guro'r Eidal. Ieuan oedd yn dal y record am y nifer o gemau (72), gemau fel capten (28), a cheisiau (33) dros Gymru ar y pryd.

Roedd gobaith mawr wrth fynd i Twickenham ar gyfer gêm gyntaf y Pum Gwlad yn 1998. Daeth dau gais gwych i Allan Bateman yn y chwarter awr agoriadol. Gorffennodd Cymru gyda 24 o bwyntiau, y mwyaf iddyn nhw eu sgorio yn Twickenham erioed. Ond sgoriodd Lloegr 60, y sgôr uchaf gan unrhyw dîm mewn unrhyw gêm yn y Pum Gwlad. I wneud pethau'n waeth, cafodd Nigel Walker anaf yn gynnar yn y gêm a ddaeth â'i yrfa yntau i ben. Cyhoeddodd Neil Jenkins nad oedd eisiau cael ei ystyried fel cefnwr bellach.

Daeth buddugoliaethau da wedyn yn erbyn yr Alban ac Iwerddon i setlo pethau, ond gorffennodd y bencampwriaeth 'nôl yn Wembley gyda chweir. Thomas Castaignède oedd y meistr bach wrth i Ffrainc ennill 51–0, y fuddugoliaeth fwyaf yn hanes y twrnament, a'r tro cyntaf i Gymru fethu â sgorio pwynt yn erbyn Ffrainc. Camp Lawn arall i'r Ffrancwyr. Collodd Kevin Bowring ei swydd fel hyfforddwr ar ôl y gêm.

Ond roedd Undeb Rygbi Cymru wedi cytuno i fynd ar daith i Zimbabwe a De Affrica dros yr haf. Gofynnwyd i Lynn Howells a Dennis Gethin o Bontypridd hyfforddi'r garfan. Gyda 18 o chwaraewyr yn tynnu'n ôl cyn y daith, a saith arall yn gorfod gadael y daith oherwydd anafiadau, roedd golwg anghyfarwydd iawn ar y tîm erbyn y diwedd. Enillwyd un gêm yn unig – yn erbyn Zimbabwe – ar daith ofnadwy. Collwyd pob un o'r gemau yn erbyn rhanbarthau De Affrica, ond roedd tipyn gwaeth i ddod yn y gêm brawf. Am gyfnod, roedd hi'n edrych yn sicr y byddai De Affrica yn croesi'r cant o bwyntiau. Yn y diwedd, dim ond cyfres o gamgymeriadau syml wnaeth eu hatal. 96–13 oedd y sgôr terfynol. Fe ddywedodd Nick Mallett, hyfforddwr y tîm cartref, mai Cymru oedd y tîm rhyngwladol gwaethaf iddo'i weld erioed.

Ar ddiwedd y daith, chwarddodd pawb ar eiriau Dennis John wrth iddo geisio dadlau y byddai Cymru'n dysgu gwersi. Bu mwy fyth o chwerthin wrth iddo fynnu y byddai Cymru yn curo'r Springboks o fewn y flwyddyn nesaf.

Ond draw yn Awstralia, roedd prif swyddogion Undeb Rygbi Cymru yn cyfarfod gydag un o hyfforddwyr gorau'r byd. Graham Henry oedd ei enw, athro ysgol a oedd wedi bod yn hyfforddi tîm Auckland – tîm clwb neu ranbarthol gorau'r byd.

Yn sydyn, galwyd cynhadledd i'r wasg ym maes awyr Auckland. Henry oedd yn siarad:

"Dwi'n mynd i hyfforddi Cymru, a dwi'n gadael heno."

Gyda hynny, dechreuodd cyfnod i Gymru a wnaeth brofi geiriau Dennis John yn gywir.

## PENNOD 2: 1998–2002

# Henry'r Gwaredwr

DAETH GRAHAM HENRY i Gymru yn hydref 1998. Erbyn haf 1999, roedd Henry wedi cael cymaint o lwyddiant gyda Chymru nes i bobl ddechrau cyfeirio ato fel Ein Gwaredwr Mawr (The Great Redeemer). Roedd pobl yn ffyddiog y byddai Henry yn arwain y wlad – neu o leiaf y tîm rygbi cenedlaethol – yn ôl i frig y gêm. Enillodd y tîm ddeg gêm o'r bron, gan gynnwys eu buddugoliaeth gyntaf erioed yn erbyn De Affrica. Erbyn 2002, roedd wedi gadael ei swydd ar ôl crasfa yn Nulyn. Os buodd yna daith *rollercoaster* yn hanes rygbi Cymru erioed – ac mae nifer o'r rheiny wedi bod – yna mae cyfnod Henry ymysg y mwyaf cyffrous.

Yn ystod 1998, roedd Cymru wedi colli'n drwm i Loegr (60–24), Ffrainc (51–0) a De Affrica (96–13). Gyda Chwpan Rygbi'r Byd yn dod i Gymru yn hydref 1999, roedd pwysau ar Undeb Rygbi Cymru i wneud rhywbeth mawr i newid pethau. Y penderfyniad oedd i fynd ar ôl yr hyfforddwr gorau posib.

Byddai'n anodd i Henry gadw llygad ar yr holl chwaraewyr. Bu ffrae rhwng Undeb Rygbi Cymru a rhai o'r prif glybiau dros gytundeb a fyddai'n clymu'r clybiau i'r Undeb am ddeng mlynedd. Doedd Abertawe na Chaerdydd yn cytuno, felly am flwyddyn fe aethon nhw i chwarae gemau yn erbyn clybiau Lloegr. Roedd gan glybiau eraill ddyledion mawr. Gwerthodd Llanelli Barc y Strade i Undeb Rygbi Cymru i dalu dyledion, ac aeth Castell-nedd i'r wal, gan orfodi'r Undeb i'w prynu allan. Ar un adeg, roedd gobaith gwirioneddol am gynghrair Eingl-Gymreig, ond gwrthododd Undeb Rygbi Cymru dderbyn y cynnig o le i bum clwb yn y gynghrair newydd.

Gêm gyntaf Henry gyda Chymru oedd yn erbyn De Affrica, eto yn Wembley. Doedd fawr o obaith gan y cefnogwyr, ond roedd hi'n gêm agos iawn, iawn. Gyda dim ond tair munud ar ôl, roedd Cymru ar y blaen o 20 i 17. Yna, rhedodd dyn noeth i'r cae – daeth yn amlwg wedyn mai dyn o Dde Affrica oedd e – ac, ar ôl ailgychwyn, sgoriodd De Affrica 11 o bwyntiau i ennill 28–20.

Wythnos yn ddiweddarach, er bod sgrym yr Ariannin yn rhy gryf i Gymru, sgoriwyd pedwar cais i ennill 43–30 yn Llanelli. Gyda Phencampwriaeth y Pum Gwlad i ddilyn ar ddechrau 1999, roedd gobeithion yn uchel unwaith eto.

Ond siomedig oedd dechrau'r Pum Gwlad. Dywedodd Henry yn nes ymlaen nad oedd wedi deall pwysigrwydd y bencampwriaeth hon i gefnogwyr Cymru. Agorodd lenni ei ystafell wely yng ngwesty'r tîm fore Sadwrn y gêm i weld 20,000 o gefnogwyr mewn coch yn crwydro Princes Street, Caeredin.

Cafodd Cymru y dechreuad gwaethaf posib. Newidiodd maswr yr Alban, Duncan Hodge, gyfeiriad y gic gyntaf. Wrth i'r bêl ddod i lawr o'r awyr ar ben asgellwr newydd Cymru, Matthew Robinson, neidiodd John Leslie i gipio'r bêl a rhedeg i mewn i sgorio. Cais ar ôl llai na deg eiliad, y cyflymaf yn hanes y bencampwriaeth. Methodd Cymru ddod yn ôl o'r ergyd gynnar honno, a chollwyd 33–20.

Colled arall wedyn yn Wembley yn erbyn Iwerddon. Ar ôl 50 munud, roedd Iwerddon 20 pwynt ar y blaen. Daeth Cymru'n ôl, ond roedd gormod i'w wneud.

Wedyn, y wyrth.

Mewn rhaglen ar S4C y noson cyn y gêm yn erbyn Ffrainc ym Mharis, roedd Ray Gravell yn bendant y byddai Cymru'n ennill. Doedd Cymru ddim wedi ennill ym Mharis ers 1975

– gêm gyntaf Grav dros ei wlad. Roedden nhw wedi colli o 51 o bwyntiau flwyddyn ynghynt yn erbyn yr un tîm, ac wedi methu curo'r Alban nac Iwerddon yn eu gemau agoriadol.

Ond Grav oedd yn iawn! Rhedodd Cymru o bobman. Roedd y Quinnells fel teirw gwyllt ar hyd y cae. Cais i Charvis cyn i Ffrainc frwydro'n ôl. Ceisiau ar ddiwedd yr hanner i Dafydd James a Craig Quinnell, ac roedd mantais o ddeg o bwyntiau ar yr egwyl. Daeth Ffrainc yn ôl iddi eto, ond stori dwy gic gosb oedd hi. Llwyddodd Jenkins, methodd Castaignède gyda'r gic olaf, ac roedd Cymru wedi coroni eu hymweliad cyntaf â'r Stade de France newydd gyda buddugoliaeth.

Doedd yr Eidal ddim eto'n rhan o'r bencampwriaeth, ond daeth gêm gyfeillgar nesaf yn Treviso. Roedd hi'n grasfa – sgoriodd Gareth Thomas bedwar o geisiau wrth i Gymru ennill 60–21.

Yna i Wembley. Y diwrnod perffaith. Gyda Tom Jones a Max Boyce yn canu cyn y gêm, a'r haul yn tywynnu, roedd hi'n glasur. Sgoriodd Lloegr deirgwaith yn yr hanner cyntaf, a chicio Neil Jenkins oedd yn cadw Cymru yn y gêm. Daeth cais i Shane Howarth ar ddechrau'r ail hanner, ond roedd chwe phwynt ynddi o hyd ym munud olaf yr 80. Tra oedd Clive Woodward, hyfforddwr Lloegr, yn gofyn i'r swyddogion roi rhubanau Lloegr ar y cwpan, daeth un cyfle olaf. Lein i Gymru, y bêl o Wyatt i Howley i Quinnell i Gibbs, a'r canolwr yn dawnsio ei ffordd i'r llinell gais i sgorio. Trosiad gan Jenkins, a dyna hi – 32–31. Dim Camp Lawn i Loegr, parti mawr i'r Cymry.

O'r pwynt hwnnw, roedd y Cymry'n credu.

Bant i'r Ariannin, felly, lle nad oedd unrhyw un o wledydd Prydain nac Iwerddon wedi ennill cyfres cyn hynny. Hanner awr i mewn i'r prawf cyntaf, roedd yr Ariannin yn ennill o 23 i 0. Brwydrodd Cymru yn ôl i fynd ar y blaen gyda dim ond chwe munud i fynd, a dal ymlaen i ennill 36–26. Enillwyd yr ail brawf hefyd. Record arall wedi'i thorri.

Cyn Mehefin 1999, roedd Cymru wedi chwarae De Affrica 13 o weithiau dros 93 o flynyddoedd, heb ennill unwaith. Gyda'r stadiwm genedlaethol newydd – Stadiwm y Mileniwm – bron yn barod, roedd lle i 27,500 o bobl wylio'r gêm gyntaf yno. Neil Jenkins gafodd y pwyntiau cyntaf, a Mark Taylor sgoriodd y cais cyntaf. Cais arall gan Gareth Thomas, ac roedd Cymru wedi ennill 29–19 yn erbyn pencampwyr y byd.

Daeth cyfres o gemau dros yr haf i geisio

sicrhau bod y stadiwm yn barod ar gyfer Cwpan Rygbi'r Byd ac, ar 1 Hydref 1999, croesawyd y byd i Gaerdydd. Cymru yn erbyn yr Ariannin oedd y gêm gyntaf, ar ôl i Shirley Bassey, Catatonia, Stereophonics a Bryn Terfel berfformio yn y seremoni agoriadol. Llifodd dagrau'r brodyr Quinnell a Scott Gibbs ynghanol yr emosiwn. Enillodd Cymru'r grŵp gyda buddugoliaethau dros yr Ariannin a Japan. Yn eu gêm olaf yn y grŵp, roedd cyfle i ddod yn gyfartal gyda'u record am y nifer fwyaf o fuddugoliaethau o'r bron (11 rhwng 1907 ac 1910), ond collwyd i Samoa. Serch hynny, roedd Cymru yn y chwarteri am y tro cyntaf ers 1987.

Erbyn hyn, roedd y chwaraewyr yn edrych yn flinedig. Dewr oedd y perfformiad yn erbyn Awstralia yn y chwarteri, ac roedd rhai o benderfyniadau'r dyfarnwr yn ddadleuol, ond roedd yr ymwelwyr yn haeddu ennill 24–9. Nhw aeth ymlaen i ennill y Cwpan.

Wrth edrych yn ôl, uchafbwynt y cyfnod oedd y fuddugoliaeth dros Dde Affrica.

Ar ddechrau'r mileniwm newydd, daeth yr Eidal i mewn i'r bencampwriaeth i droi'r Pum Gwlad yn Chwe Gwlad. Ond, o'r cychwyn, roedd pethau'n gwaethygu i Gymru.

Yng ngêm gyntaf y mileniwm yng

Nghaerdydd, chwalwyd Cymru 36–3 gan Ffrainc. Un llygedyn bach o obaith oedd gweld Shane Williams yn dod i'r cae am ei gap cyntaf, er iddo daflu'r bàs rydd i roi'r cais olaf i'r Ffrancwyr. Collwyd yn drwm eto, 46–12, yn Twickenham. Roedd Cymru'n edrych yn drwm ac yn araf yn wyneb chwarae cyflym ac agored Ffrainc a Lloegr.

Dechreuodd Shane y gêm gartref nesaf, yn erbyn yr Eidal, a sgorio'i gais cyntaf hefyd. Daeth dau gais arall yn erbyn yr Alban wrth i Gymru ennill, ac roedd yn rhan o berfformiad amddiffynnol dewr yn Nulyn wrth i Gymru orffen y bencampwriaeth gyda buddugoliaeth dros Iwerddon. Erbyn hyn roedd rhai wynebau newydd yn y tîm, gydag Ian Gough a Geraint Lewis yn lle'r Quinnells, Stephen Jones yn lle Neil Jenkins, a Rupert Moon yn lle Rob Howley.

Bu'n rhaid newid tipyn ar y tîm oherwydd, yn ogystal â cholli gemau, daeth yn amlwg bod rhai o chwaraewyr Cymru ddim yn gymwys. Daeth Shane Howarth a Brett Sinkinson o Seland Newydd yn 1998 gan gredu bod ganddyn nhw fam-gu neu dad-cu o Gymru, ac felly bod hawl ganddynt i gynrychioli'r wlad. Ond erbyn 2000, a phapurau newydd yn edrych i mewn i'w cefndir, doedden nhw ddim wedi gallu profi hynny. Roedd Howarth yn ffyddiog ei fod yn gymwys, ond doedd ganddo ddim gwaith papur fel tystiolaeth. Dywedwyd am Brett Sinkinson mai'r tro cyntaf iddo gredu ei fod yn gymwys i chwarae dros Gymru oedd pan ffoniodd Graham Henry e, i ddweud ei fod yn Gymro. Gorfodwyd y ddau i adael y garfan.

Daeth cyfle yn yr hydref yn erbyn y Springboks eto. Gyda'r gêm yn gyfartal, diolch i gais cyhyrog gan Scott Gibbs, a dim ond deg munud i fynd, anfonwyd Arwel Thomas ymlaen yn lle Neil Jenkins. Collodd tîm Cymru ei siâp, a chollwyd y gêm. Hon oedd gêm olaf Arwel.

Crasfa arall wedyn yn erbyn y Saeson yn 2001 – record arall – ond y tro hwn yn Stadiwm y Mileniwm. 44–15 oedd hi, a Will Greenwood yn sgorio *hat-trick*. Roedd Cymru wedi ennill cymaint o feddiant ac wedi cael cymaint o dir â'r Saeson, ond roedd Lloegr gymaint mwy peryglus gyda'r bêl. I Gaeredin, i Murrayfield, nesaf. Penderfynodd Cymru gymryd pob cyfle am bwyntiau, a chiciodd Neil Jenkins dair gôl adlam a phedair cic gosb. Wrth i Mark Taylor ryng-gipio ar ôl 42 o funudau, roedd Cymru 25–6 ar y blaen. Ond daeth yr Alban yn ôl, ac yn y diwedd roedd Cymru'n ffodus i gael gêm gyfartal.

Tymor siomedig, ond wedyn, *rollercoaster* arall. Doedd dim modd chwarae Iwerddon gartref oherwydd clwy'r traed a'r genau (*foot and mouth disease*) oedd ar led ar y pryd. Bu mis rhwng gemau i Gymru yng nghanol y bencampwriaeth, ac roedd hi'n werth aros. Roedd y gêm ym Mharis yn erbyn Ffrainc lawn cystal â'r gêm yn 1999. Pedwar cais i Gymru, y gorau diolch i Rob Howley a redodd bron ar hyd y cae ar ôl pàs bert gan Scott Quinnell. Pan darodd Neil Jenkins gic Philippe Bernat-Salles i lawr, a dal y bêl i sgorio cyn trosi'r cais, cyrhaeddodd 28 o bwyntiau yn yr un gêm. 43–34 oedd hi i Gymru ar y diwedd – y tro cyntaf i Gymru ennill ddwywaith yn olynol ym Mharis ers 1957. Pasiodd Neil Jenkins 1,000 o bwyntiau yn ystod ei yrfa gyda Chymru.

Ar ôl llwyddiant Graham Henry yn gynnar yn ei gyfnod yng Nghymru, cafodd ei ddewis i arwain y Llewod i Awstralia yn haf 2001. Mae Henry wedi cyfaddef ers hynny taw camgymeriad oedd derbyn y swydd. Taith anhapus oedd hi, gyda nifer o chwaraewyr yn dadlau yn erbyn Henry yn y papurau newydd. Roedd chwaraewyr Cymru wedi cael eu siomi ar ôl cael eu gadael allan o'r garfan neu o'r tîm cyntaf. Collwyd y gyfres. Dechrau'r diwedd oedd hyn i Henry.

Gêm gyntaf hydref 2001 oedd y gêm yn erbyn Iwerddon – yr un gafodd ei gohirio 'nôl ym mis Mawrth. Y stori oedd bod chwaraewyr Iwerddon wedi dysgu galwadau lein Cymru gyda'r Llewod. Collwyd 36–6, y golled waethaf yn erbyn Iwerddon erioed. Ond dim ond am rai misoedd barodd y record honno.

Gyda hud a lledrith Henry yn methu, tric nesaf Undeb Rygbi Cymru oedd i brynu seren o fyd rygbi'r gynghrair, Iestyn Harris. Ar ôl llond llaw o gemau i Gaerdydd, roedd pwysau ar Henry i'w ddewis ar gyfer gêm ryngwladol yn erbyn yr Ariannin. Barn nifer oedd mai cynllun i werthu mwy o docynnau oedd hyn. Doedd Harris ddim yn barod i chwarae ar y lefel yma, ac roedd e braidd ar goll. Erbyn y gêm yn erbyn Awstralia ddiwedd mis Tachwedd, roedd wedi'i symud o grys rhif 10 i rif 12, ond collwyd y ddwy gêm.

Ychydig iawn o obaith oedd y byddai Chwe Gwlad 2002 yn un llwyddiannus, ond roedd y gêm gyntaf – yn Nulyn yn erbyn Iwerddon – yn hunllef. Sgoriodd Iwerddon chwe chais i ennill o 54 i 10. O fewn dyddiau, roedd Henry wedi ymddiswyddo. Roedd cyfnod y Gwaredwr ar ben.

## PENNOD 3: 2002–2005

# Dathlu o'r diwedd

A HITHAU AR GANOL pencampwriaeth, a gêm fawr arall i ddod o fewn dyddiau, roedd angen i'r Undeb adweithio'n gyflym. Dyrchafwyd dirprwy Henry, Steve Hansen, i'r brif swydd.

Ffrainc oedd yr ymwelwyr nesaf i Gaerdydd, ac roedd Cymru bron ag ennill. Gyda symudiad olaf y gêm, a Chymru bedwar pwynt ar ei hôl hi, taflodd Ffrainc y bêl i'r llinell. Aeth hi dros ben pawb ac i ddwylo Scott Quinnell. Rhedodd yntau am y llinell, a chroesi, ond roedd cyrff Ffrancwyr yn ei atal rhag cael y bêl i'r llawr. Dim cais. Dim buddugoliaeth.

Enillwyd y gêm nesaf gartref yn erbyn yr Eidal o 44 i 20, ond erbyn hyn doedd fawr o obaith ymysg y cefnogwyr. Arwydd o hyn oedd yr ymateb i'r golled yn Twickenham – ie, ildio hanner cant o bwyntiau unwaith eto, ond doedd hi ddim cynddrwg ag roedd llawer wedi'i ofni. Yr Alban oedd yr ymwelwyr ar gyfer gêm olaf y tymor. Roedd Rob Howley – cyn-gapten ac un o fewnwyr gorau'r byd ar ei orau – wedi cyhoeddi mai hon fyddai ei gêm olaf. Gyda Chymru'n ennill, eilyddiwyd Howley, a chollwyd y gêm. Diweddglo trist i un o'r goreuon.

Ac eto, dim ond arwydd o'r newid oedd i ddod oedd ymadawiad Howley.

Dros y misoedd nesaf, roedd golwg arbrofol ar y tîm cenedlaethol. Erbyn diwedd 2002, roedd Neil Jenkins a Scott Quinnell – dau arall o fawrion y cyfnod – wedi dilyn Howley allan o'r gêm ryngwladol. Roedd eraill wedi gadael hefyd, chwaraewyr oedd yn allweddol i Henry, a oedd ar gael o hyd i Hansen, ond chawson nhw ddim eu dewis byth eto – chwaraewyr fel Chris Wyatt, Craig Quinnell a Peter Rogers.

Roedd Steve Hansen yn rhoi pwyslais ar ffitrwydd, ar y gallu i gadw i fynd, ar y gallu i redeg a rhedeg. Os oedd tîm Graham Henry yn fawr ac yn drwm, ysgafn a chyflym oedd tîm Hansen. "Y perfformiad sy'n bwysig, nid y canlyniad," dywedodd yr hyfforddwr newydd mewn un cyfweliad. Ystyr ei eiriau oedd na fyddai modd ennill gemau'n rheolaidd oni bai fod y perfformiadau yn gyson o safon uchel. Ond roedd yr ymateb yn ffyrnig, gyda nifer yn awgrymu nad oedd Hansen yn poeni am ennill.

Beth ddaeth nesaf oedd rhediad canlyniadau

gwaethaf Cymru erioed. Collwyd i Seland Newydd ar ddiwedd hydref 2002 (43–17, sy'n edrych fel tipyn o grasfa, ond roedd hi'n agos tan y deg munud olaf), cyn dioddef calchad, neu *whitewash*, yn Chwe Gwlad 2003 – y drydedd waith yn unig yn holl hanes y gêm i Gymru golli pob un o'u gemau yn y bencampwriaeth. Yn y gêm agoriadol yn Rhufain, tynnwyd y capten, Colin Charvis, oddi ar y cae gyda Chymru ar ei hôl hi. Gwenodd Charvis wrth eistedd i lawr – gwên ddigalon – ond aeth y cyfryngau'n wyllt. Mewn pôl piniwn i ganfod cas berson darllenwyr y *Wales on Sunday* rai dyddiau wedyn, Osama Bin Laden oedd gyntaf, Saddam Hussein yn drydydd, a Charvis yn ail. Os oedd angen arwydd o bwysigrwydd rygbi i'r Cymry, a'r diffyg persbectif ynghylch y gêm, dyma oedd e!

Yn ystod hyn oll, daeth yn amlwg bod angen newid mawr i'r gêm glwb. Roedd Undeb Rygbi Cymru, a'r clybiau oedd yn aelodau o'r Undeb, wedi gwrthod sawl cyfle i newid. Erbyn 2003 doedd dim modd anwybyddu'r angen i newid rhagor. Roedd naw o glybiau proffesiynol yn yr Uwch-adran. Pan ddechreuodd prif weithredwr newydd yr Undeb, David Moffett, ddiwedd 2002, ei gwestiwn cyntaf oedd 'Pam?'. "Pedwar clwb proffesiynol sydd yn Ne Affrica, pump sydd yn Seland Newydd – sut all Cymru fforddio naw?" gofynnodd Moffett i glybiau Cymru.

Ar ôl blynyddoedd o gweryla, ar Ddydd Ffŵl Ebrill 2003, daeth y naw i lawr i bump. Safodd Llanelli a Chaerdydd fel roedden nhw, ond unodd Abertawe gyda Chastell-nedd, Pontypridd gyda Phen-y-bont, a Glynebwy gyda Chasnewydd. Erbyn dechrau tymor 2003–4, byddai'r pum tîm newydd – Dreigiau Casnewydd Gwent, Gleision Caerdydd, Gweilch Abertawe-Castell Nedd, y Rhyfelwyr Celtaidd a Scarlets Llanelli – yn chwarae yn y Gynghrair Geltaidd ar ei newydd wedd.

Y gobaith oedd y byddai cywasgu holl dalent y wlad i bum tîm yn gwella safonau. Doedd dim golwg o hynny dros yr haf, wrth i'r tîm cenedlaethol golli gemau paratoi yn erbyn Lloegr, Iwerddon, Seland Newydd ac Awstralia. Y golled yn erbyn Lloegr oedd y waethaf o'r cwbl. Ail dîm oedd gan y Saeson ar y cae, yn erbyn tîm cryfaf Cymru, yng Nghaerdydd. Ond roedd hi'n grasfa, 43–9. Gyda'r pwysau'n cynyddu ar Steve Hansen, llwyddodd i gadw ei swydd gyda buddugoliaethau dros Romania a'r Alban, a chafodd arwain Cymru i Gwpan Rygbi'r Byd yn Awstralia yn hydref 2003.

Doedd dim disgwyl i Gymru wneud yn dda allan yn Awstralia. Gyda chwaraewyr corfforol Tonga, yr Eidal (oedd newydd guro Cymru yn y Chwe Gwlad), a Seland Newydd (oedd wedi curo Cymru 55–3 dros yr haf) yn aros amdanyn nhw yn y grŵp, roedd nifer yn poeni na fyddai Cymru'n dianc o'r grŵp o gwbl.

Ansicr oedd y perfformiadau cynnar. Ond erbyn y drydedd gêm roedd Cymru wedi curo Tonga a'r Eidal, a gyda dim ond Seland Newydd i ddod roedden nhw'n saff o gyrraedd y rownd nesaf. Newidiodd Steve Hansen ddeg o'r tîm ar gyfer y gêm olaf yn y grŵp yn erbyn Crysau Duon Seland Newydd. Y syniad oedd i orffwys y prif chwaraewyr ar gyfer y gêm nesaf.

Ar ôl hanner awr, roedd y gêm yn dilyn y patrwm roedd pawb yn ei ddisgwyl, gyda Seland Newydd 28–10 ar y blaen. Ond wedyn digwyddodd rhywbeth rhyfedd. Dim ond ar y daith fel chwaraewr sbâr oedd Shane Williams – rhywun a fyddai'n gallu chwarae ar yr asgell neu fel mewnwr mewn argyfwng. Dechreuodd Shane ddawnsio rownd y taclwyr. Ymunodd Jonathan Thomas a Ceri Sweeney yn yr hwyl. Ar ôl 45 o funudau, croesodd Shane allan ar ochr chwith y cae ac, yn wyrthiol, roedd Cymru ar y blaen o 34 i 28. Doedd dim modd dal y don o Grysau Duon yn ôl yn y diwedd, a chollwyd y gêm. Ond roedd hunan-barch wedi'i adfer.

Lloegr oedd nesaf yn y chwarteri. Nhw oedd y ffefrynnau i ennill y Cwpan. A dyna sut fuodd hi, er i Gymru roi cymaint o ofn ag unrhyw un iddyn nhw. Cadwodd Hansen ffydd gyda nifer o'r tîm a chwaraeodd mor dda yn erbyn Seland Newydd. Dau gais mewn deg munud yn rhoi'r fantais i Gymru – 10–3. Ond daeth pŵer y Saeson i'w hachub. Er i Martyn Williams groesi'n hwyr, cais cysur yn unig oedd e, wrth golli 28–17.

Cymysg oedd Chwe Gwlad 2004, gyda buddugoliaethau yn erbyn yr Alban a'r Eidal gartref, ond colli oedd yr hanes yn erbyn Ffrainc, Iwerddon a Lloegr. Gadawodd Steve Hansen fel prif hyfforddwr ar ddiwedd y bencampwriaeth. Gadawodd Iestyn Harris hefyd, i fynd yn ôl i rygbi'r gynghrair.

Y disgwyl oedd mai Gareth Jenkins o Lanelli fyddai'n cymryd yr awenau. Rhwng Jenkins a Mark Evans roedd y dewis, yn ôl y wasg. Ond, ar y diwrnod mawr, agorwyd drws cynhadledd y wasg ac yn lle Gareth Jenkins, Mike Ruddock gerddodd i'r ystafell. Daeth yn amlwg yn nes ymlaen bod Undeb Rygbi Cymru wedi mynd 'nôl at Ruddock yn hwyr iawn a gofyn iddo ymgeisio.

Gwelwyd gwelliant yn syth yn safon y chwarae. Roedd Ruddock yn teimlo mai diffyg sylw i waith caled y blaenwyr – y sgrym, y llinell a'r sgarmes – oedd problem Cymru, nid ffitrwydd. Aeth ati i weithio ar yr elfennau hyn yn syth. Ar ôl haf digon cymysg ar daith yn yr Ariannin a De Affrica, roedd gemau'r hydref yn agoriad llygad.

Gwthiwyd Springboks De Affrica yn galed wrth golli 36–38. Roedd rhai'n honni bod dryswch ynghylch yr amser oedd yn weddill yn y gêm. Roedd y Springboks wedi arfer gweld cloc y stadiwm yn dangos yr union amser oedd ar ôl. Ond roedd cloc Stadiwm y Mileniwm yn gadael i'r amser redeg. Roedd De Affrica ar y blaen 38–22, a'r cloc yn dangos bod amser ar ben, ond mewn gwirionedd roedd chwe munud arall i fynd. Sgoriodd Cymru ddwywaith yn yr amser ychwanegol, ond doedd e ddim yn ddigon i ennill.

Bythefnos wedyn, Cymru oedd yn dioddef. Penderfynwyd newid cloc y stadiwm i ddangos y gwir amser, ond anghofiodd yr Undeb ddweud wrth y naill dîm na'r llall. Wrth i'r cloc gyrraedd 80 munud, a Chymru bwynt ar ei hôl hi, gwthiodd Stephen Jones gic fach tuag at linell 22 metr Seland Newydd. Mae'n rhaid nad oedd yn gwybod bod amser ar ben. Doedd Muliaina, cefnwr Seland Newydd, ddim yn gwybod chwaith, oherwydd cododd y bêl a'i chicio'n hir i lawr y cae, a'i chadw'n fyw. Adlamodd y bêl yn ddamweiniol dros yr ystlys, a dyna ddiwedd y gêm. Colled o un pwynt – yr agosaf i Gymru ddod at guro Seland Newydd ers 1978, ac ni fu gêm mor agos yn yr 20 mlynedd ers hynny chwaith.

Ond roedd gobaith, o'r diwedd.

Lloegr oedd y gwrthwynebwyr cyntaf ym Mhencampwriaeth y Chwe Gwlad yn 2005. Roedden nhw'n gweld pethau'n anodd ar ôl colli nifer o'r genhedlaeth a enillodd Gwpan y Byd yn 2003. Shane gafodd y cais allweddol, Gavin Henson a drosodd y gic gosb hwyr, ac enillwyd y gêm gan Gymru, 11–8. Gêm ddigon anniben, ond buddugoliaeth.

I'r Eidal nesaf, a pherfformiad da. Cadw'r bêl yn fyw oedd arddull newydd y Cymry, a gwelwyd nifer o geisiau pert iawn wrth ddadlwytho'r bêl yn y dacl.

Y prawf mawr nesaf – Ffrainc ym Mharis. Roedd gan Gymru record eithaf da, ar ôl ennill dwy o'r tair gêm ddiwethaf yn y ddinas. Ond dechreuodd y Ffrancwyr ar dân. Ceisiau i Yachvili a Rougerie yn adeiladu mantais o 15 i 6 ar yr egwyl. O fewn chwe munud i'r ailgychwyn, roedd Cymru ar y blaen, diolch i ddau gais gan y blaenasgellwr Martyn Williams. 'Nôl a blaen aeth y sgorio wedyn. Bu'n rhaid gwrthsefyll cyfnod hir o bwysau yn agos i'r llinell gais cyn i Gymru droi'r bêl a'i chicio dros y llinell gwsg. Buddugoliaeth o 24 i 18, ac roedd y cefnogwyr yn dechrau credu bod rhywbeth arbennig iawn yn digwydd.

Ar brynhawn Sul yng Nghaeredin, chwaraeodd Cymru hanner gêm o rygbi a oedd bron yn berffaith. Gan ddadlwytho a rhedeg yn fentrus, croesodd Kevin Morgan ddwywaith, a Ryan Jones, Rhys Williams a Shane Williams unwaith yr un, ac roedd Cymru 38–3 ar y blaen ar yr egwyl. Tawelodd pethau ar ôl y toriad, ond roedd y fuddugoliaeth o 46 i 22 yn record.

Yna, ar ddiwrnod bron yn hafaidd yng Nghaerdydd, daeth cyfle i greu hanes. Doedd Cymru ddim wedi ennill y Gamp Lawn ers 1978, y Goron Driphlyg ers 1988, na'r Bencampwriaeth ers 1994. Hwn oedd y cyfle i ennill y tri ar yr un pryd. Yn ôl adroddiadau yn y wasg, daeth chwarter miliwn o bobl i Gaerdydd i wylio'r gêm, llawer iawn ohonyn nhw ar sgrin enfawr y tu allan i Neuadd y Ddinas.

Iwerddon oedd y gwrthwynebwyr. Tîm da,

oedd hefyd yn ymgeisio am y Goron Driphlyg. Ond doedd byth amheuaeth. Cafodd Gethin Jenkins gais yn gynnar ar ôl taro cic Ronan O'Gara i lawr a defnyddio'i sgiliau pêl-droed i sgorio. Ar yr awr, torrodd Michael Owen o'r llinell cyn i Gymru weithio'r bêl i Shanklin. Curodd hwnnw ei ddyn a bwydo'r bêl i Kevin Morgan i groesi wrth y pyst. Gyda throsiad Stephen Jones, roedd Cymru ar y blaen o 29 i 6. Anodd credu!

Gwthiodd Iwerddon yn galed i ddod yn ôl, ond roedd hi'n rhy hwyr iddyn nhw. 32–20 oedd y fantais yn y diwedd, a pharhaodd y dathlu tan oriau mân y bore.

O'r diwedd, ar ôl dros chwarter canrif o ddioddef, roedd Cymru'n ôl ar frig y gêm yn Ewrop. Gyda'r gêm bellach yn broffesiynol, roedd gwobr ariannol i'r chwaraewyr hefyd – £30,000 yr un am eu llwyddiant.

Ond does dim byd yn hawdd yng Nghymru, a dyw dadlau a chwympo mas byth yn bell o'r wyneb. O fewn blwyddyn, byddai popeth ar chwâl eto.

PENNOD 4: 2005–2008

# Y Cymry 'nôl wrth y llyw – am y tro

AETH LLEWOD PRYDAIN AC Iwerddon ar daith i Seland Newydd yn ystod haf 2005. Dywedodd Clive Woodward – y prif hyfforddwr, a'r dyn oedd yn gyfrifol am arwain Lloegr at Gwpan y Byd yn 2003 – ei fod yn edmygu'r rygbi chwaraeodd Cymru yn ystod y Chwe Gwlad. Geiriau gwag, achos erbyn i'r prawf cyntaf gyrraedd, Saeson oedd mwyafrif y tîm. Roedd hi'n chwalfa. Gyda phanig yn codi, newidiwyd y tîm yn gyfan gwbl ar gyfer yr ail brawf, gyda'r Cymro Gareth Thomas yn gapten a mwy o Gymry yn y tîm. Ond newidiodd dim, wrth i'r Llewod golli'r ail a'r trydydd prawf, 48–18 a 38–19.

Beirniadaeth nifer oedd bod llwyddiant Cymru wedi'i 'adeiladu ar dywod'. Hynny yw, bod y seiliau'n wan, ac nad oedd y tîm yn ddigon corfforol i ymdopi â'r goreuon. Ar ddechrau Tachwedd 2005, byddai cyfle i brofi'r theori yn anghywir wrth i'r Crysau Duon ddychwelyd i Gymru.

Gêm i ddathlu canrif ers yr ornest gyntaf rhwng y ddwy wlad yn 1905 oedd hi. Roedd honno'n gêm enwog yn hanes Cymru a chwaraeon yn gyffredinol, oherwydd y chwedl yw mai dyma'r tro cyntaf i unrhyw anthem gael ei chanu gan dorf cyn gêm ryngwladol.

Beth bynnag, doedd Seland Newydd ddim yn awyddus i ymuno yn y parti. Nhw enillodd, 41–3, mewn gêm ddigalon i'r Cymry. Collwyd yn drwm hefyd i Dde Affrica. Ond gorffennwyd cyfres yr hydref ar nodyn da wrth i Gymru – yn eu crysau du anarferol – guro Awstralia 24–22. Hon oedd y fuddugoliaeth gyntaf dros un o gewri hemisffer y de ers 1987. Yn briodol iawn, Shane Williams, a ddechreuodd yr adfywiad i Gymru yng Nghwpan y Byd 2003, sgoriodd y cais i gipio'r gêm.

Rhywfaint o obaith wrth fynd i Twickenham i gychwyn y Chwe Gwlad nesaf? Os felly, siom oedd i ddilyn. Yn union fel roedd y sylwadau beirniadol wedi'i awgrymu, roedd pŵer Lloegr yn ormod i Gymru, a chollwyd 47–13.

Wrth i fws y garfan gyrraedd 'nôl i'r gwesty, gofynnodd Mike Ruddock i'r chwaraewyr gael noson dawel, breifat, ym mar y gwesty.

Penderfynodd nifer, gan gynnwys y capten Gareth Thomas, anwybyddu Ruddock. Roedd straeon yn dechrau dod o'r garfan oedd yn awgrymu bod tensiynau rhwng Ruddock a'r chwaraewyr.

Wyth niwrnod ar ôl y golled yn Llundain, curodd Cymru'r Alban yng Nghaerdydd – cerdyn coch i Scott Murray yn gwneud pethau'n haws i'r tîm cartref. Dau ddiwrnod yn ddiweddarach, ar Ddydd San Ffolant, roedd Ruddock wedi mynd.

Dyw hi ddim yn gwbl glir beth ddigwyddodd. Daeth straeon am ddiffyg parch rhai o'r chwaraewyr tuag at Ruddock. 'Player power' oedd term y wasg. Roedd eraill yn credu bod is-hyfforddwyr, yn enwedig Scott Johnson, yn gweithio yn erbyn Ruddock. Mewn rhifyn bythgofiadwy o raglen BBC Cymru, *Scrum V*, ymddangosodd y capten Gareth Thomas yn gwisgo crys-T Motörhead. Yno i amddiffyn y tîm rhag y cyhuddiadau oedd Thomas, ac roedd wedi'i wylltio gan gwestiynu'r panelwyr, Eddie Butler a Jonathan Davies. Cafodd Thomas strôc y noson honno. Er iddo allu ailddechrau ei yrfa rygbi'r flwyddyn ganlynol, dyma oedd diwedd ei dymor.

Gareth Jenkins oedd y nesaf i sêt yr hyfforddwr. Mawr oedd y disgwyl y byddai Jenkins yn gallu trosglwyddo llwyddiant y Scarlets i'r tîm cenedlaethol. Roedd Jenkins wedi gweithio yn y gêm ryngwladol ynghynt – fel is-hyfforddwr dan Alan Davies gyda Chymru yn yr 1990au cynnar, a dan Clive Woodward gyda'r Llewod yn 2005.

Ond cafodd Jenkins y swydd yn rhy hwyr, ac roedd ei ddulliau mwy traddodiadol bellach allan o ffasiwn. Aflwyddiannus oedd ei daith gyntaf, i'r Ariannin yn haf 2006, gan golli'r ddwy gêm. Ond daeth capiau cyntaf i chwaraewyr fyddai'n datblygu i fod ymysg y goreuon – James Hook, Ian Evans ac Alun Wyn Jones.

'Nôl yng Nghymru, siomedig oedd gemau hydref 2006. Gêm gyfartal yn erbyn Awstralia oedd yr uchafbwynt. Yn y gêm yn erbyn Seland Newydd, cafwyd ffrae fawr. Roedd y Crysau Duon wedi arfer gwneud yr *haka* ar ôl canu'r ddwy anthem. Y flwyddyn gynt, i ddathlu canmlwyddiant y gêm gyntaf, bu cytundeb i adael i Gymru ganu 'Hen Wlad Fy Nhadau' yn olaf, fel a ddigwyddodd yn y gêm gyntaf honno'n ôl yn 1905. Gwrthododd y Crysau Duon y tro hwn. Gwrthododd Undeb Rygbi Cymru ildio. Felly, gwnaeth Seland Newydd yr *haka* 'yn y sied', sef yr ystafell newid. Roedd y camerâu yno i gipio'r sioe hefyd.

Gwaeth oedd y Chwe Gwlad, gan golli yn

llipa yn erbyn Iwerddon, yr Alban a Ffrainc. Yn Rhufain, roedd mwy o ddryswch gyda'r cloc, fel oedd yn 2004 yn erbyn y Crysau Duon a De Affrica. Y tro hwn, gyda Chymru dri phwynt ar ei hôl hi yn hwyr yn y gêm, rhoddwyd cic gosb gan y dyfarnwr Chris White i Gymru. Y dewis oedd i fynd am y pyst am gêm gyfartal, neu fynd i'r gornel i geisio ennill y llinell a sgorio cais i ennill y gêm. Gofynnwyd i White a oedd amser i fynd am y llinell. "Oes," atebodd. Ciciodd Hook i'r gornel ac wrth i flaenwyr Cymru gerdded yn araf tua'r llinell, chwythodd White ei chwiban am ddiwedd y gêm. Dryswch llwyr!

Un cyfle oedd ar ôl i osgoi'r llwy bren. Gartref yn erbyn Lloegr fyddai gêm olaf y bencampwriaeth, a'r tro yma, roedd Cymru ar dân. Dau gais cynnar i James Hook a Chris Horsman, cyn i'r Saeson daro'n ôl. Hook oedd yr arwr, yn cicio naw o bwyntiau ar ddiwedd y gêm i gipio'r fuddugoliaeth ac achub swydd Gareth Jenkins fel hyfforddwr.

Wrth lanio yn Awstralia ar gyfer taith yr haf, roedd gan Gareth Jenkins awgrym rhyfedd i'r chwaraewyr. Er mwyn osgoi *jetlag*, gorchymyn Jenkins oedd y dylai pawb yfed 10 peint o gwrw cyn mynd i'r gwely.

Yn rhyfeddol, fe weithiodd ei gynllun am y

rhan fwyaf o'r prawf cyntaf yn erbyn Awstralia. Cymru oedd ar y blaen gydol y gêm tan y funud olaf un, pan groesodd Hoiles yn y gornel gydag amser ar ben i gipio'r fuddugoliaeth i Awstralia. Crasfa oedd yr ail brawf.

Gyda Chwpan Rygbi'r Byd yn Ffrainc yn nesáu, trefnwyd nifer o gemau paratoi.

Ail dîm, os hynny, oedd dewis Gareth Jenkins ar gyfer y gyntaf o'r gemau paratoi, yn Twickenham yn erbyn Lloegr. Cyflafan oedd hi, wrth i Loegr ennill 62–5. Er syndod, roedd Jenkins i'w weld yn eithaf hapus. Llwyddodd Cymru i gyflawni 90% o'u taclo. Dim ond tair gwaith y llwyddodd Lloegr i dorri llinell amddiffynnol Cymru, meddai Jenkins, er iddyn nhw sgorio wyth cais.

Erbyn Cwpan y Byd roedd Cymru wedi colli eu ffordd. Roedden nhw'n ffodus bod dwy o'r pedair gêm grŵp yng Nghaerdydd, ond collwyd un o'r rheiny – yn erbyn Awstralia – yn drwm. Roedd popeth yn dibynnu ar y gêm grŵp olaf yn erbyn Ffiji yn Nantes.

Swynwyd Cymru i chwarae arddull agored y Ffijïaid. Taflwyd y bêl o gwmpas gan y ddau dîm, ond Ffiji gafodd y gair olaf. Mewn clasur o gêm, enillodd Gareth Thomas ei ganfed cap, y cyntaf erioed i gyrraedd y ffigwr i Gymru. Sgoriodd

Cymru bum cais, Ffiji bedwar, ond roedd ciciau cosb Nicky Little yn ddigon i ennill y gêm i Ffiji. Roedd Cymru allan o'r twrnament.

Ym maes parcio'r gwesty, cafodd Gareth Jenkins y sac gan Roger Lewis, prif weithredwr newydd Undeb Rygbi Cymru. Yn ôl nifer o'r garfan, roedd y ffordd y collodd Jenkins ei swydd yn greulon.

O fewn wythnosau, roedd Lewis wedi canfod hyfforddwr newydd.

Warren Gatland oedd y dyn, cyn-hyfforddwr Connacht, Wasps ac Iwerddon, ac un o fachwyr gorau Seland Newydd yn yr 1980au a'r 1990au. Daeth Gatland â Shaun Edwards i drefnu ei amddiffyn, Robert Howley i weithio ar yr ymosod, a Robin McBryde i hyfforddi'r blaenwyr.

Wythnosau oedd gan Gatland a'i hyfforddwyr i baratoi ar gyfer Pencampwriaeth y Chwe Gwlad yn 2008. Gan fod amser yn brin, dewisodd 13 o chwaraewyr o ranbarth y Gweilch i ddechrau yn erbyn Lloegr yn y gêm gyntaf.

Roedd y Gweilch yn elwa o gael nifer o chwaraewyr gorau Cymru yn eu carfan, a hefyd nifer o chwaraewyr gorau'r byd. Ymysg y sêr o dramor ddaeth i Abertawe yn y cyfnod roedd Marty Holah, Justin Marshall, Jerry Collins,

Tommy Bowe a Filo Tiatia. Gyda'r fath brofiad ar gael iddyn nhw, dysgodd Cymry ifanc y Gweilch yn gyflym.

Anodd oedd cychwyn y gêm gyntaf honno, ond, o gwmpas yr awr, cipiodd Cymru reolaeth. Dau gais – un i Lee Byrne ac un i Mike Phillips – oedd y gwahaniaeth. Buddugoliaeth o 26 i 19, y gyntaf yn erbyn Lloegr yn Twickenham ers ugain mlynedd.

Fel arwydd o safonau uchel yr hyfforddwyr newydd, gadawyd yr asgellwr Mark Jones allan o'r tîm ar gyfer y gêm nesaf, gartref yn erbyn yr Alban. Ei drosedd oedd aros ar lawr yn rhy hir gydag anaf yn hytrach na chymryd ei le yn y llinell amddiffynnol. Buan iawn y dysgodd y chwaraewyr bod angen talu sylw i bob gair o enau'r hyfforddwyr.

Daeth buddugoliaethau cyfforddus yn erbyn yr Alban (30–15) a'r Eidal (47–8) nesaf, cyn yr her fawr. Iwerddon oedd yn aros amdanyn nhw, a hynny yn stadiwm campau Gwyddelig Croke Park. Mewn gêm hynod o agos, Shane Williams sgoriodd yr unig gais i arwain Cymru at fuddugoliaeth, 16–12. Roedd y Goron Driphlyg yn ôl yn nwylo Cymru unwaith eto.

Ac felly, ar ôl cyfnod mor gythryblus, daeth cyfle i Gymru gipio ail Gamp Lawn o fewn tair blynedd. Ffrainc oedd y gwrthwynebwyr y tro hwn. Gêm dynn arall oedd hi, ond o gwmpas yr awr torrodd y bêl yn rhydd ganol cae. Shane, wrth gwrs, oedd y cyntaf i sylwi ar y cyfle. Ciciodd y bêl ymlaen ac ennill y ras i sgorio. Dyna oedd cais rhif 41 i Shane, gan basio Gareth Thomas i gipio'r record am y nifer fwyaf o geisiau dros Gymru. Yn hwyr yn y gêm, gyda'r fuddugoliaeth yn saff, torrodd Martyn Williams yn rhydd i sgorio. 29–12 oedd hi yn y diwedd. Buddugoliaeth glir i orffen Camp Lawn arall.

Cymaint oedd diffyg cysondeb rygbi Cymru fel eu bod wedi llwyddo i fynd o lwy bren i Gamp Lawn, i fynd allan o Gwpan y Byd yn erbyn Ffiji ac yna ennill Camp Lawn arall. A'r cyfan o fewn pum mlynedd. Dyna'r *rollercoaster* eto. Ac roedd mwy i ddod.

## PENNOD 5: 2008–2011

# Adfywiad

AR ÔL HOLL DDADLAU a diswyddiadau blynyddoedd cyntaf y 2000au, daeth nawr gyfnod o dawelwch a sefydlogrwydd. Warren Gatland oedd y prif hyfforddwr, a byddai'n dal y swydd am yr 11 mlynedd nesaf. O ran y tîm rhyngwladol a Phencampwriaeth y Chwe Gwlad, beth bynnag, gellid dadlau mai hon oedd trydedd oes aur Cymru.

Os oedd misoedd cyntaf Gatland yn llwyddiant ysgubol, tasg anodd oedd cynnal y llwyddiant. Yn ystod haf 2008, aeth Cymru ar daith i Dde Affrica – pencampwyr y byd ar ôl ennill y Cwpan yn Ffrainc yn 2007. Roedd hi'n daith anodd.

Collwyd y gêm gyntaf yn drwm. Yr unig gysur oedd gweld Shane Williams yn sgorio un o'i geisiau unigryw, wrth iddo gasglu'r bêl rydd ar yr hanner ffordd a charlamu at y llinell. Er bod hanner dwsin o Springboks ar ei ôl, llwyddodd Shane i gamu'n ôl a blaen ar hyd yr ystlys cyn croesi. Hwn oedd tymor gorau Shane. Ar ddiwedd

2008, enillodd dlws Rygbi'r Byd fel Chwaraewr Gorau'r Flwyddyn – yr unig Gymro i ennill yr anrhydedd erioed.

Collwyd yr ail brawf hefyd, ond roedd modd gweld strwythur y tîm yn newid i'r hyn ddaeth yn gyfarwydd dros y blynyddoedd nesaf. Symudwyd James Hook yn ôl i safle'r cefnwr, a daeth Jamie Roberts, oedd yn gefnwr i'w glwb, i'r crys rhif 12. Canolwr fyddai Roberts o hyn ymlaen – un o'r rhai mwyaf corfforol yn y byd.

Yn ystod yr hydref, byddai cyfle i Gymru Gatland fesur eu hunain yn erbyn grym y tri chawr o hemisffer y de. Yn erbyn Seland Newydd daeth digwyddiad sy'n aros yn y cof. Wrth i'r Crysau Duon orffen eu *haka*, gwrthododd Cymru symud. Am dros funud, safodd y tîm yno, yn derbyn her eu gwrthwynebwyr. Yn y diwedd, bu'n rhaid i'r dyfarnwr Jonathan Kaplan orfodi'r Crysau Duon i gamu'n ôl fel bod y gêm yn gallu cychwyn. Roedd canolwr Seland Newydd, Ma'a Nonu, yn gandryll:

"Dawns ryfel yw'r *haka*," meddai Nonu. "Os ydych chi eisiau sefyll yn y ffordd fel y gwnaeth Cymru, rydych chi'n gofyn am glatsien."

Er y ddrama, ac er cychwyn da gan Gymru – oedd ar y blaen ar yr egwyl – daeth y Crysau

Duon yn ôl i ennill yn gyfforddus yn y diwedd.

Cymysg oedd y canlyniadau eraill. Colled agos yn erbyn De Affrica, cyn cipio buddugoliaeth arall dros Awstralia yng ngêm olaf y gyfres. Yn gynnar yn y gêm, bu gwrthdrawiad enfawr rhwng Jamie Roberts a Stirling Mortlock, canolwr Awstralia. Cariwyd Mortlock oddi ar y cae. Parhaodd Roberts i chwarae ond, ar ôl torri'r llinell i greu'r cyfle ar gyfer cais cynnar Shane Williams, bu'n rhaid iddo yntau adael hefyd. Roedd Roberts wedi torri ei benglog.

Dros y flwyddyn nesaf, y tu hwnt i dîm cenedlaethol XV y dynion, bu dau ddigwyddiad nodedig arall.

Yn gyntaf, enillodd tîm menywod Cymru yn erbyn Lloegr am y tro cyntaf erioed, ar ôl 22 mlynedd o gemau rhwng y ddau. Non Evans oedd yr arwres wrth iddi drosi'r gic gosb yn eiliadau olaf y gêm i gipio buddugoliaeth o un pwynt. Dyma gyfnod gorau'r menywod hyd yn hyn. Cafwyd yr ail safle ym Mhencampwriaeth y Chwe Gwlad yn 2008 a 2009.

Ac wedyn, yn Dubai, cipiodd tîm dynion Cymru Gwpan Rygbi Saith Bob Ochr y Byd. Curwyd Seland Newydd yn y chwarteri, Samoa yn y rownd gynderfynol, ac yna'r Ariannin yn y rownd derfynol. Hyd heddiw, dyna'r unig dro i dîm cenedlaethol o Gymru ennill Cwpan y Byd mewn unrhyw fersiwn o'r gêm.

Roedd llwyddiant gêm y dynion yn codi o gryfder y gêm ranbarthol newydd. Gyda mwy o arian yn mynd i'r rhanbarthau, datblygwyd nifer o chwaraewyr o safon uchel iawn. Fel enghraifft o hyn, roedd carfan dan 20 oed Cymru yn 2008 yn cynnwys nifer o oreuon yr oes broffesiynol mewn un grŵp oedran – Leigh Halfpenny, Jonathan Davies, Dan Biggar, Rhys Webb, Justin Tipuric a Sam Warburton yn eu plith.

Ond cyn iddyn nhw dorri i mewn i'r tîm cenedlaethol, roedd Pencampwriaeth y Chwe Gwlad i'w chwarae yn 2009, a Chymru'n ceisio amddiffyn y teitl. Dechreuwyd yn dda, gan guro'r Alban a Lloegr, cyn teithio i Baris. Ffrainc aeth â hi o drwch blewyn. Ar ôl buddugoliaeth dros yr Eidal, daeth Iwerddon i Gaerdydd ar gyfer y gêm olaf. Roedd Cymru'n mynd am y Goron Driphlyg a'r Bencampwriaeth, ac Iwerddon yn mynd am y cyfan – y Bencampwriaeth, y Goron Driphlyg a'r Gamp Lawn. Gyda phedair munud i fynd, aeth Stephen Jones am gôl adlam i roi Cymru ar y blaen. Ond dwy funud yn ddiweddarach, gwnaeth Ronan O'Gara yr un peth. Gyda chic olaf y gêm, cafodd Jones gyfle arall, gyda chic gosb o'r hanner ffordd. Roedd hi'n syth ond syrthiodd y bêl yn fyr o'r pyst, ac roedd Iwerddon wedi ennill y Gamp Lawn am y tro cyntaf ers 61 o flynyddoedd.

Iwerddon a Chymru oedd timau gorau Ewrop erbyn hyn, a nhw gyfrannodd y mwyafrif o'r garfan ar daith y Llewod i Dde Affrica yn 2009. Ar ôl siom 2005, roedd hon dipyn gwell. Un o'r cyfresi mwyaf cofiadwy, a'r Cymry'n flaenllaw. Yn yr ail brawf, Cymry oedd y rheng flaen gyfan, gyda Gethin Jenkins, Matthew Rees ac Adam Jones yn cychwyn gyda'i gilydd. Dyma'r tro cyntaf i reng flaen gyfan o Gymru gynrychioli'r Llewod ers 1955. Ond collwyd y gyfres gyda chic olaf yr ail brawf. Er i'r Llewod ennill y prawf olaf, 2–1 i'r Springboks oedd hi.

Digon siomedig oedd canlyniadau'r 18 mis nesaf wrth i Gatland ddechrau creu tîm newydd. Dim un fuddugoliaeth dros dri mawr hemisffer y de, dim ond dwy fuddugoliaeth yn y Chwe Gwlad yn 2010, a thair yn 2011.

Gwelwyd un penwythnos bythgofiadwy yn 2010 wrth i Gymru chwarae'r Alban yng Nghaerdydd. Ar y cae, cipiodd Cymru fuddugoliaeth ryfeddol. Yn colli o 18 i 9 ar yr hanner, a 24–14 gyda phum munud i fynd, rhoddodd Cymru'r Alban dan bwysau enfawr. Croesodd Leigh Halfpenny am gais, i'w drosi gan Stephen Jones, a thri phwynt oedd ynddi gyda thair munud ar ôl. Gydag eiliadau o'r 80 munud yn weddill, ciciodd Lee Byrne ymlaen cyn cael ei daclo oddi ar y bêl. Cerdyn melyn i Phil Godman o'r Alban, ac roedd yr Alban i lawr i 13 dyn. Dewisodd Cymru gicio'r triphwynt i ddod yn gyfartal gan wybod y byddai un cyfle arall yn dod. A dyna ddigwyddodd. Wedi cic letraws, a chyfnod o bwysau yn agos i linell yr Alban, plymiodd Shane Williams drosodd. Gyda'r trosiad, roedd Cymru wedi sgorio 17 o bwyntiau yn y tair munud olaf i ennill y gêm.

Y bore wedyn, roedd y newyddion yn llawn hynt a helynt y gêm. A hefyd hynt a helynt Andy Powell, a oedd wedi cael ei ddal gan yr heddlu ar yr M4 mewn cart golff. Esgus Powell oedd ei fod ar ei ffordd i wasanaethau Sarn i chwilio am sigaréts a rhywbeth i'w fwyta. Dim ond yng Nghymru...

Erbyn 2011, roedd criw ifanc yn dechrau gwthio'u ffordd i'r tîm. Yn ystod y gemau paratoi ar gyfer Cwpan Rygbi'r Byd yn Seland Newydd yn 2011, roedd golwg tipyn gwahanol ar Gymru. Pan gafodd Stephen Jones anaf wrth gynhesu ar gyfer y gêm baratoi gyntaf yn erbyn Lloegr, cymerodd Rhys Priestland y cyfle i fachu'r crys rhif 10. Daeth eraill – Taulupe Faletau, Leigh

Halfpenny, Jonathan Davies a George North – yn brif ddewisiadau. Y capten erbyn hyn oedd Sam Warburton, y chwaraewr ifancaf i fod yn gapten ar Gymru ers Gareth Edwards.

I Seland Newydd, felly, ar gyfer Cwpan Rygbi'r Byd.

Y gobaith i Gymru oedd y byddai'r tîm yn ddigon da i weithio'i ffordd trwy'r grŵp. Roedd Ffiji – concwerwyr Cymru yn 2007 – a Samoa yn aros amdanyn nhw. De Affrica oedd y cyntaf, a bach iawn oedd y gobaith. Ond er gwaethaf dechreuad gwael gyda chais i Frans Steyn o fewn ychydig funudau, gwrthododd Cymru ildio. Cais i Faletau, taclo grymus gan Warburton, a chicio da gan Hook. Colli o bwynt wnaeth Cymru yn y pen draw, ond roedden nhw wedi gwneud eu marc.

Ychydig o lwc nesaf. Roedd Samoa wedi gorfod chwarae bedwar diwrnod ynghynt, ac roedden nhw'n flinedig. Gwrthymosodiad gan Leigh Halfpenny – yn chwarae yn safle'r cefnwr am y tro cyntaf – greodd y cais i Shane Williams. Roedd hynny'n ddigon i fynd â hi, 17–10.

Gyda dwy gêm yn weddill, dechreuodd Cymru chwarae rygbi pwerus ac agored.

Namibia oedd tîm gwannaf y grŵp. Deuddeg cais i Gymru, gyda'r asgellwyr Shane Williams (tri) a George North (dau) yn rhannu pump ohonyn nhw. Gethin Jenkins sgoriodd gais mwyaf cofiadwy'r noson, gan gymryd y bêl y tu allan i'r llinell 22 ac ochrgamu heibio hanner tîm Namibia i groesi.

Ffiji oedd y gwrthwynebwyr olaf yn y grŵp. Os oedd pryder y byddai Ffiji yn ailadrodd y fuddugoliaeth yn Nantes yn 2007, doedd dim angen poeni. Roedd hi'n berfformiad perffaith gan Gymru. Naw cais i ddim, 66 pwynt i ddim, ac roedd Cymru'n ddiogel yn y chwarteri.

Iwerddon oedd yn aros amdanyn nhw, yn llawn hyder ar ôl curo Awstralia yn eu grŵp. Gormod o hyder, efallai, gan fod gwasg Iwerddon yn anwybyddu Cymru ac yn dechrau siarad am y llwybr i'r ffeinal. Ond roedd Cymru'n rhy glyfar, yn rhy gyflym ac yn rhy gorfforol.

Jamie Roberts osododd y cywair yn y funud gyntaf wrth redeg yn syth i mewn i Donncha O'Callaghan a'i lorio. Gydag Iwerddon ar y droed ôl, symudodd Cymru'r bêl i'r dde i Shane Williams groesi yn y gornel ar ôl dim ond dwy funud. Agos oedd yr ail hanner nes i Mike Phillips weld lle ar ochr dywyll y sgarmes, mynd amdani a phlymio'n acrobataidd i dirio'r bêl eiliad cyn iddo groesi'r ystlys. Wrth i'r Gwyddelod flino, rhoddodd Jonathan Davies goron ar y noson wrth redeg trwy hanner dwsin o daclwyr i sgorio'r cais olaf. 22–10 oedd hi i Gymru, a gêm yn erbyn Ffrainc yn y rownd gynderfynol i ddod.

Yn sydyn, roedd pawb yn credu! Ar fore Sadwrn, 15 Hydref, agorodd Undeb Rygbi Cymru ddrysau Stadiwm y Mileniwm i alluogi cefnogwyr i wylio'r gêm ar y sgrin fawr. Daeth dros 61,000 o bobl i wneud hynny. Gyda'r gobaith yn llifo, dechreuodd Cymru'n gryf. Ond wedyn, trychineb. Camamserodd y capten Sam Warburton dacl ar Vincent Clerc, asgellwr Ffrainc. Roedd trefnwyr y gystadleuaeth yn awyddus i atal *tip-tackles*, sef bod y chwaraewr sy'n cario'r bêl yn cael ei droi yn y dacl fel ei fod yn glanio ar ei ben. Dyna wnaeth Warburton i Clerc, a cherdyn coch oedd y ddedfryd. Daeth anaf wedyn i Adam Jones, y prop pen tyn a oedd mor allweddol i'r sgrym.

Ond dal ati wnaeth Cymru. Roedd Ffrainc yn ddi-drefn ac yn methu creu cyfleoedd. Cymru oedd yn ymosod. Ychydig cyn yr awr, gwelodd Mike Phillips le unwaith eto ar yr ochr dywyll. Ac unwaith eto, torrodd trwy dacl i sgorio. Tarodd Stephen Jones y postyn gyda'r trosiad. Roedd Cymru'n ôl yn y gêm, ond yn dal i fod bwynt ar ei hôl hi.

Gydag amser yn brin, cafodd Cymru gyfle

i fynd at y pyst. Leigh Halfpenny oedd ciciwr hiraf y tîm, ac yntau gymerodd y gic. Roedd hi'n syth ond fodfeddi'n fyr. Mae rhai'n dweud bod hyd yn oed rhai o'r chwaraewyr yn credu i'r bêl groesi'r trawst – ond methu wnaeth hi. Yn yr eiliadau olaf, aeth Cymru trwy 26 cymal wrth geisio creu cyfle am gôl adlam, ond ddaeth dim cyfle. Pwynt oedd ynddi yn y diwedd, a'r Ffrancwyr yn ennill 9–8.

Gellid dadlau nad yw Cymru erioed wedi cael gwell cyfle i ennill Cwpan y Byd. Roedd Seland Newydd – a enillodd o un pwynt yn erbyn Ffrainc yn y ffeinal – yn dioddef dan bwysau disgwyliadau eu cefnogwyr. A fyddai Cymru llawn hyder, a Sam Warburton ac Adam Jones ar gael, wedi gallu cipio'r Cwpan? Fyddwn ni byth yn gwybod. A pha mor wahanol fyddai'r degawd wedyn petai Cymru wedi llwyddo? Buddugoliaeth dros Seland Newydd, yn Seland Newydd, i ennill Cwpan Rygbi'r Byd?

Y gwir yw nad yw Cymru wedi curo'r Crysau Duon ers 1953 ond, am un bore o hydref, roedd y freuddwyd yn fyw.

## PENNOD 6: 2011–2015

# Oes Aur

DAETH CYMRU YN ÔL o Gwpan y Byd yn llawn hyder.

Cafwyd un gêm gyfeillgar fis Tachwedd 2011, yn rhannol i ffarwelio â Shane Williams. Roedd Shane yn ymddeol, ar ôl sgorio 58 o geisiadau mewn 87 o gemau rhyngwladol. Record i Gymru a, gydag ymddeoliad George North yn 2024, mae'n annhebygol y daw unrhyw un yn agos at ffigurau Shane am flynyddoedd maith. Ac, wrth gwrs, gyda symudiad olaf ei gêm olaf, Shane gafodd y gair olaf wrth groesi am gais.

Yn Nulyn fyddai gêm gyntaf Pencampwriaeth y Chwe Gwlad yn 2012 yn erbyn Iwerddon. Roedd y Gwyddelod yn awyddus i dalu'r pwyth yn ôl ar ôl colli i Gymru yng Nghwpan y Byd, ac roedd hi'n chwip o gêm. Wrth i'r fantais symud yn ôl a blaen rhwng y timau, ychydig iawn oedd ynddi. Yna, gyda chwarter awr yn weddill, cafodd y chwaraewr ail reng Bradley Davies gerdyn melyn am *tip-tackle* – yr un drosedd arweiniodd at gerdyn coch i Sam Warburton yn Seland Newydd fisoedd ynghynt. Lwcus i Davies gael melyn yn lle coch. Ond manteisiodd Iwerddon i sgorio cais. Gyda phum munud yn weddill, croesodd George North yn y gornel i gau'r bwlch i un pwynt, ond methodd Leigh Halfpenny gyda'r trosiad. Yna, eiliadau o'r diwedd, anfonwyd Stephen Ferris i'r gell gosb hefyd am *tip-tackle* arall, y tro hwn ar glo Cymru, Ian Evans. Roedd y gic yma o flaen y pyst, a'r tro hwn roedd annel Halfpenny'n gywir. Buddugoliaeth o ddau bwynt, a'r dechrau gorau posib i'r bencampwriaeth.

Ar ôl buddugoliaeth ddigon syml yn erbyn yr Alban, teithiodd y garfan i Twickenham gyda chyfle i ennill y Goron Driphlyg. Agos a thyn oedd y gêm, heb yr un cais tan y deg munud olaf. Gyda'r sgôr yn gyfartal, a Lloegr yn ymosod o'r tu mewn i'w hanner eu hunain, rhedodd y chwaraewr ail reng Courtney Lawes yn syth am eilydd o ganolwr Cymru, Scott Williams. Rhywfodd, rhwygodd Williams y bêl o afael Lawes. Cyn i Loegr sylweddoli, roedd Williams yn carlamu am y llinell. Wrth i'r amddiffyn gau amdano, rhoddodd gic daclus ymlaen, ailgasglu'r bêl, a chroesi wrth y pyst. Ond doedd y ddrama ddim ar ben. Gyda symudiad olaf y gêm, aeth Lloegr am y gornel dde. Hedfanodd

Leigh Halfpenny a Jonathan Davies i'r dacl, a syrthiodd y ddau ac asgellwr Lloegr David Strettle dros y llinell gais. Roedd adolygiad y dyfarnwr teledu yn boenus o hir. O'r diwedd, daeth y penderfyniad – doedd dim modd gweld fod y bêl wedi'i thirio, felly dim cais, a'r fuddugoliaeth – a'r Goron Driphlyg – i Gymru.

Gêm ddigon di-fflach oedd nesaf, gartref yn erbyn yr Eidal, ond roedd y fuddugoliaeth yn ddiogel. Ffrainc, unwaith eto, oedd yr ymwelwyr ar Sadwrn olaf y bencampwriaeth. Roedd hi dipyn agosach y tro hwn nag oedd hi yn 2008. Cais cynnar Alex Cuthbert, wedi ennill ei le ar ôl ymddeoliad Shane, oedd y gwahaniaeth. Gyda Dan Lydiate yn rhoi ugain tacl i mewn i ennill gwobr seren y gêm a seren y bencampwriaeth, roedd trydedd Gamp Lawn mewn saith mlynedd wedi'i hennill.

Un o'r beirniadaethau mwyaf am Warren Gatland yn ystod ei gyfnod gyda Chymru oedd ei fod wedi methu â churo tri mawr hemisffer y de yn rheolaidd. Er iddo wella'r record gartref, dyw e ddim o hyd wedi llwyddo i ennill gêm yn erbyn y tri mawr ar eu tomen eu hunain.

Daeth cyfle yn haf 2012 wrth i Gymru deithio i chwarae tair gêm brawf yn erbyn Awstralia. Roedd pob un gêm yn agos, ond collwyd y tair. Doedd Gatland ddim ar y daith gan iddo syrthio oddi ar ysgol a thorri ei draed wythnosau ynghynt. Doedd e ddim chwaith gyda Chymru am y tymor oedd i ddod, am ei fod wedi ei ddewis i arwain y Llewod i Awstralia yn 2013. Roedd y Llewod yn mynnu ei fod yn cymryd cyfnod sabothol o'i waith gyda Chymru er mwyn paratoi at y daith.

Ei ddirprwy Rob Howley, felly, gymerodd yr awenau ar gyfer tymor 2012–13.

Roedd yr hydref yn drychinebus. Collwyd pob un o'r pedair gêm yn y gyfres, gan gynnwys gemau cartref yn erbyn yr Ariannin a Samoa. Colled drom ddaeth yn erbyn Seland Newydd cyn i batrwm yr haf ailymddangos yng ngêm olaf y gyfres yn erbyn Awstralia. Eto, roedd Cymru ar y blaen wrth i'r cloc basio 80 o funudau. Ac unwaith eto – fel yn 2007 a ddwywaith yn 2012 – sgoriodd Awstralia gyda'r symudiad olaf i gipio'r fuddugoliaeth.

Y seithfed golled mewn saith gêm i bencampwyr y Chwe Gwlad.

Dechreuodd Cymru'n araf yn y gêm gyntaf yn erbyn Iwerddon. Ychydig wedi'r egwyl, roedd Cymru 30–3 ar ei hôl hi. Er iddyn nhw frwydro'n ôl yn gryf yn hwyr yn y gêm, colled o 30 i 22 oedd hi. Yr wythfed golled o'r bron.

Wedyn, dechreuodd pethau droi. Er nad oedd y chwarae'n llyfn iawn, roedd Cymru'n dechrau crafu buddugoliaethau.

I Baris nesaf, ar gyfer y gyntaf o dair gêm oddi cartref, ac agos oedd hi. Y digwyddiad pwysig oedd cais i George North yn y gornel chwith ar ôl cic fach daclus gan Dan Biggar. Roedd tad George wedi neidio o'i sedd yn y dorf er mwyn dathlu gyda'i fab!

Gyda'r sgrym yn datblygu'n arf pwysig, digon cyfforddus oedd y buddugoliaethau yn Rhufain yn erbyn yr Eidal, ac yng Nghaeredin yn erbyn yr Alban.

Roedd Sam Warburton wedi colli rhai gemau gydag anaf, felly Gethin Jenkins oedd yn gapten wrth i'r canlyniadau wella. Cadwodd Gethin y rôl ar gyfer y gêm olaf, gartref yng Nghaerdydd yn erbyn Lloegr.

Roedd y Saeson yn mynd am y Gamp Lawn. Petai Cymru'n ennill o lai na saith o bwyntiau, Lloegr fyddai'n hawlio'r teitl. Ond petai Cymru'n ennill o fwy na saith, nhw fyddai'n cipio'r bencampwriaeth.

Gyda'r to ar gau, a'r awyrgylch yn berwi, roedd hi'n dynn. Un tîm yn ymosod, cyn i'r lleill eu hatal a rhoi'r pwysau'n ôl. Dechreuodd sgrym Cymru ddominyddu, ac roedd y dyfarnwr

Steve Walsh yn rhoi ciciau cosb di-ri o'u plaid. Trosodd Leigh Halfpenny gic gosb ar ôl 48 o funudau i sicrhau bod Cymru ddwy sgôr yn glir am y tro cyntaf, 12–3. Wedyn, mewn chwarter awr gogoneddus, dau gais i Cuthbert, gôl adlam a chic gosb i Biggar, ac roedd hi'n 30–3 – y fuddugoliaeth fwyaf i Gymru erioed yn erbyn Lloegr, yr hen elyn. Y bencampwriaeth wedi'i hamddiffyn yn llwyddiannus am y tro cyntaf ers 1979. Aeth y dathliadau ymlaen yn hwyr iawn y noson honno!

Gyda'r Llewod yn teithio i Awstralia yr haf hwnnw, a Gatland yn arwain y tîm hyfforddi, dewiswyd 15 o Gymry i fynd ar y daith. Sam Warburton fyddai'r capten ar garfan ddibrofiad, gyda dim ond 13 o'r 37 wedi profi taith Llewod yn flaenorol. Agos iawn oedd y ddwy gêm brawf gyntaf. Cafodd cefnwr Awstralia, Kurtley Beale, gyfle gyda chic olaf y gêm gyntaf i gipio'r fuddugoliaeth i'r Wallabies, ond fe lithrodd a methu'r gic. 1–0 i'r Llewod. Yn yr ail brawf, Leigh Halfpenny gafodd y cyfle, eto gyda'r gic olaf, ond methodd yntau hefyd ac Awstralia enillodd. 1–1.

Doedd Warburton ddim ar gael i arwain y tîm yn y prawf olaf oherwydd anaf. Y disgwyl oedd y byddai Brian O'Driscoll, canolwr

Iwerddon a chapten Llewod 2005, yn cymryd ei rôl fel capten. Ond synnodd Gatland bawb. Deg Cymro yn y pymtheg, dim lle yn y garfan o gwbl i O'Driscoll, ac Alun Wyn Jones yn gapten. Mawr oedd y feirniadaeth, yn enwedig o Iwerddon. Ond Gatland oedd yn gywir y tro hwn – pedwar cais a pherfformiad gwych yn arwain at fuddugoliaeth, 41–16. Buddugoliaeth gyntaf y Llewod mewn cyfres ers De Affrica yn 1997, a dim ond y ddeuddegfed gyfres fuddugol mewn 125 o flynyddoedd o deithio Seland Newydd, De Affrica ac Awstralia. A'r Cymry'n ganolog.

Fel oedd yn aml yn digwydd ar ôl taith y Llewod, byddai tîm Cymru yn dioddef yn y tymor nesaf. Ennill dim ond un gêm yn Chwe Gwlad 2006, dim ond tair yn 2010, a nawr tair yn 2014, gyda cholledion trwm yn Twickenham (18–29) a Dulyn (3–26). Gorffennwyd y bencampwriaeth gyda buddugoliaeth swmpus dros yr Alban (51–3), cyn taith arall i Dde Affrica. Colled drom yn y prawf cyntaf, ond, gydag Alex Cuthbert ar dân, roedd Cymru ar y blaen 30–17 yn yr ail brawf gyda dim ond wyth munud i fynd. Ond 'nôl ddaeth y Springboks. Funud cyn y diwedd, aeth Cornal Hendricks am y gornel. Penderfynodd y dyfarnwr fod tacl Liam Williams yn anghyfreithlon – cais cosb, a'r gêm wedi'i cholli 31–30. Doedd y capten, Sam Warburton, ddim yn meddwl bod pob un o'i gyd-chwaraewyr yn gwir gredu eu bod yn ddigon da i guro tîm fel De Affrica.

Stori fwy yn ystod 2013 a 2014 oedd y rhyfel cartref rhwng Undeb Rygbi Cymru a'r timau (neu ranbarthau) proffesiynol. Heb gytundeb, dechreuodd yr Undeb geisio arwyddo chwaraewyr o'u rhanbarthau. Sam Warburton oedd y cyntaf – a'r olaf – i arwyddo cytundeb canolog. Ar un adeg, roedd posibilrwydd y byddai'r pedwar rhanbarth yn gadael yr Undeb ac yn chwarae rygbi mewn cynghrair gyda chlybiau Lloegr. Erbyn diwedd y ffrwgwd roedd cytundeb newydd yn ei le, y chwaraewyr yn parhau gyda'u clybiau o fewn y Pro12 gyda thaleithiau'r Alban, Iwerddon a'r Eidal, a thaliadau'r Undeb i'r clybiau wedi cynyddu.

Ar ddiwedd 2014, gwelwyd buddugoliaeth dros Dde Affrica yng Nghaerdydd, y tro cyntaf i Gymru guro un o'r tri mawr ers 2008, a dim ond ail fuddugoliaeth Gatland dros un o'r tri mewn 27 gêm. Dilynodd Chwe Gwlad 2015 batrwm 2013 – Cymru'n colli'r gêm gyntaf gartref (y tro hwn yn erbyn Lloegr), ac wedyn ennill y tair nesaf. Yn Rhufain, yn erbyn yr Eidal, roedd gêm olaf y bencampwriaeth i Gymru. Roedd Cymru,

Iwerddon a Lloegr i gyd â gobaith o ennill y tlws.

Roedd Cymru y tu ôl i'r ddau arall ar wahaniaeth pwyntiau – 21 pwynt y tu ôl i Iwerddon, 25 pwynt y tu ôl i Loegr. Hanner amser, 14–13 oedd mantais Cymru, a'r gobaith o osod targed yn cilio. Roedd yr ail hanner yn syfrdanol. 47 o bwyntiau, gan gynnwys *hat-trick* i George North o fewn 15 munud. 61–13 oedd y fantais yn y funud olaf, gyda'r fantais pwyntiau dros Iwerddon (+27) a Lloegr (+23) yn cynnig gobaith gwirioneddol, cyn i Leonardo Sarto dorri'n rhydd i dorri'r fantais, ac i Luciano Orquera drosi. 60–21 oedd y fuddugoliaeth, 41 pwynt o wahaniaeth, a tharged o 20 pwynt i Iwerddon.

Yn y pen draw, fyddai'r cais hwyr hwnnw ddim yn gwneud gwahaniaeth. Mewn gemau rhyfeddol, enillodd Iwerddon 40–10 yn yr Alban i symud heibio i Gymru i'r brig, a gosod targed o fuddugoliaeth o 26 pwynt i Loegr yn erbyn Ffrainc yn y gêm olaf. 55–35 oedd y sgôr yn Twickenham, a'r bencampwriaeth felly'n mynd i Iwerddon.

Y cyfnod hwn oedd cyfnod euraid rygbi Cymru yn ystod y ganrif hon. Rhwng 2011 a 2015, daeth ymddangosiad ym mhedwar olaf Cwpan Rygbi'r

Byd am y tro cyntaf mewn 24 o flynyddoedd, Camp Lawn yn 2012, pencampwriaeth arall yn 2013 (ac, o dan hen drefn y bencampwriaeth, un arall eto a fyddai wedi'i rhannu yn 2015), a chyfraniad blaenllaw i fuddugoliaeth y Llewod yn Awstralia yn 2013. Roedd strwythur rygbi Cymru yn gweithio – rhanbarthau cryf yn bwydo tîm cenedlaethol llwyddiannus.

Byddai llwyddiannau pellach i ddod, er mai llai cyson fyddai'r rheiny, wrth gamu i mewn i ail hanner y degawd.

## PENNOD 7: 2015–2017

# Dreigiau a Llewod

YMYSG LLWYDDIANNAU'R PEDAIR BLYNEDD flaenorol, cafodd cyfnod anodd ddiwedd 2012 effaith ar obeithion Cymru yng Nghwpan Rygbi'r Byd 2015. Byddai pedwar tîm gorau'r rhestr detholion yn Rhagfyr 2012 yn osgoi ei gilydd, a'r pedwar nesaf hefyd yn osgoi ei gilydd. Doedd dim modd, er enghraifft, i Seland Newydd, Ffrainc, Awstralia a De Affrica fod yn yr un grŵp. Diolch i'w buddugoliaethau nhw yng Nghaerdydd ar ddiwedd 2012, roedd Samoa a'r Ariannin yn yr ail bot o ddetholion, gyda Lloegr ac Iwerddon. Yn y trydydd grŵp roedd Cymru, ochr yn ochr â'r Eidal, Tonga a'r Alban.

Awstralia oedd detholion grŵp Cymru, a Lloegr ddaeth o bot dau. Bu tipyn o feirniadaeth o ran gosod amseriad creu'r grwpiau ar gyfer 2015 mor gynnar. Erbyn dechrau'r twrnament, roedd y tair gwlad ymhlith pump gorau'r byd.

Lloegr oedd y gwrthwynebwyr yng ngêm fawr gyntaf y gystadleuaeth i Gymru ddiwedd mis

Medi. Bu cyfres o anafiadau i chwaraewyr pwysig cyn y twrnament – Jonathan Davies, Rhys Webb a Leigh Halfpenny yn eu plith – ac o'r cychwyn roedd y problemau yn pentyrru. Yn ystod y gêm yn erbyn Lloegr, aeth Scott Williams, Hallam Amos a Liam Williams oddi ar y cae. Erbyn y diwedd, roedd Rhys Priestland yn chwarae fel maswr, George North yn y canol, Dan Biggar 'nôl yn safle'r cefnwr, a'r mewnwr Lloyd Williams ar yr asgell chwith. Er hynny, Lloyd Williams oedd yr arwr, ei gic letraws yn galluogi Gareth Davies i sgorio unig gais Cymru. Gyda'r trosiad a chic gosb hwyr, casglodd Dan Biggar 23 o bwyntiau wrth i Gymru ennill 28–25.

Yr wythnos ganlynol, chwalwyd Lloegr gan Awstralia, ac roedd y Saeson allan o Gwpan Rygbi'r Byd yn Lloegr. Roedd Cymru trwodd i'r chwarteri cyn chwarae Awstralia, ond roedd yr anafiadau yn broblem. Methiant oedd y gêm yn erbyn Awstralia, er i'r gwrthwynebwyr fod i lawr i 13 dyn ar un adeg. De Affrica, felly, ac nid yr Alban, oedd yn aros yn y chwarteri. Eto, perfformiad dewr, ond wrth i'r gêm gyrraedd y cyfnod olaf, cynyddodd De Affrica'r pwysau i ennill. Mae'n bosib iawn mai bendith oedd hyn. Gyda Seland Newydd i'w herio yn y pedwar olaf, byddai wedi bod yn brynhawn hir a chaled i'r Cymry heb gymaint o chwaraewyr pwysig.

Erbyn hyn, roedd Cymru Gatland wedi setlo ar ddull o chwarae a oedd, fel arfer, yn ddigon da i guro'r gleision – Ffrainc, yr Eidal a'r Alban. Erbyn dechrau pencampwriaeth 2016, doedden nhw ddim wedi colli i Ffrainc ers 2011, nac i'r Alban a'r Eidal ers 2007. Gwael oedd y record yn erbyn tri mawr hemisffer y de – ennill dim ond ddwywaith mewn 29 ymgais dan Gatland. A chymysg oedd pethau yn erbyn Iwerddon a Lloegr. Colledion gartref yn 2009 a 2013 yn erbyn Iwerddon, a gartref yn 2011 a 2015 yn erbyn Lloegr. Dim ond dwy fuddugoliaeth yr un, oddi cartref yn erbyn y ddau – yn 2008 a 2012 yn y ddau achos.

Yr un oedd patrwm pencampwriaeth 2016. Buddugoliaethau digon derbyniol gartref yn erbyn y gleision, gêm gyfartal yn Nulyn i ddechrau, yn erbyn Iwerddon (y gyntaf rhwng y ddwy wlad ers 1991), a cholled yn erbyn Lloegr yn Twickenham. Y stori yn Llundain oedd bod Cymru eto wedi dechrau'n rhy araf yn erbyn y Saeson. Roedd hi'n 19–0 i Loegr ar ôl 45 munud, a 25–7 gyda saith munud i fynd. Dim ond ar ôl palu'r fath dwll y dechreuodd Cymru chwarae – bylchiad pert gan Liam Williams, a Jonathan

Davies yn bwydo North i groesi. Dwy funud yn ddiweddarach, Faletau yn bwerus yn sgorio. A gydag ymosodiad olaf y gêm, carlamodd North i lawr yr asgell at y llinell. Taflodd y bêl wrth groesi'r ystlys, daliodd Webb hi a sgorio. Ond roedd y llumanwr wedi codi'i faner i ddangos bod North wedi croesi'r llinell – yn anghywir, fel roedd y lluniau teledu yn ei ddangos.

Lloegr aeth ymlaen i ennill y Gamp Lawn. Yn yr ail safle roedd Cymru.

Seland Newydd oedd lleoliad taith haf 2016, ac roedd hyn lawn cynddrwg ag y byddai rhywun wedi'i ofni. Colled drom yn y prawf cyntaf cyn cael eu chwalu gan dîm taleithiol y Chiefs – tîm gwreiddiol Warren Gatland – o 40 i 7. Gwell yn yr ail brawf, ond anobeithiol yn y prawf olaf. Y neges, unwaith eto, oedd mai ychydig iawn o chwaraewyr o'r safon uchaf oedd gan Gymru. Os oedd rhai'n ei chael hi'n anodd chwarae ar eu gorau, neu wedi'u hanafu, roedd safon y tîm yn syrthio.

Yr un oedd y stori ddechrau'r hydref, gydag Awstralia yn torri'n rhydd i ennill 32–8. Sefydlogwyd pethau rhywfaint gyda buddugoliaethau tyn iawn dros yr Ariannin a Japan, cyn buddugoliaeth fawr y tymor. Ar ôl ennill dim ond dwy allan o 31 o gemau yn erbyn tri mawr y de, daeth buddugoliaeth – ac un swmpus hefyd – yn erbyn De Affrica ddiwedd Tachwedd. Y tro hwn, Cymru oedd yn meistroli, gyda dau gais yn yr ail hanner i Ken Owens a Justin Tipuric yn sicrhau'r fuddugoliaeth fwyaf erioed dros Dde Affrica, 27–13.

Roedd y Llewod wedi ceisio cael cysondeb o ran eu hyfforddwyr ers taith ofnadwy Llewod Clive Woodward yn 2005. Ar ôl y llwyddiant yn Awstralia yn 2013, Warren Gatland oedd y dewis i'w harwain unwaith eto i Seland Newydd yn 2017. Rhan o'r cytundeb eto oedd y byddai Gatland yn cymryd cyfnod i ffwrdd o'i rôl gyda Chymru. A chafodd hyn effaith wael ar Gymru unwaith eto. Gyda Rob Howley yn camu lan i arwain y tîm fel o'r blaen, collwyd tair gêm yn y bencampwriaeth am y tro cyntaf ers 2010. Colledion cyntaf yn erbyn dau o'r gleision, a'r ddwy yn nodedig am wahanol resymau.

Ym Murrayfield yn y drydedd gêm, roedd Cymru'n rheoli'n llwyr. Cais i Liam Williams, trosiad a dwy gic gosb i Leigh Halfpenny o fewn yr hanner awr cyntaf, a Chymru ar y blaen 13–6. Ond 'nôl ddaeth yr Alban i sgorio 23 o bwyntiau, heb yr un pwynt i Gymru. Dilynodd hyn golled yn erbyn Lloegr, gartref, ar ôl rheoli tipyn o'r gêm. Cic wael yn hwyr yn y gêm gan Jonathan Davies yn caniatáu i Loegr wrthymosod a rhyddhau Elliot Daly i sgorio yn y gornel i'r Saeson.

Roedd gêm olaf y bencampwriaeth yn siomedig – ym Mharis, yn erbyn Ffrainc – y cyfnod hiraf o amser ychwanegol erioed mewn gêm ryngwladol. Gêm wael, ond roedd Cymru ar y blaen 18–13 yn y funud olaf wrth i Ffrainc roi'r bêl i mewn i sgrym yn agos i linell y Cymry.

Dymchwelodd y sgrym bedair gwaith. Cosbwyd Cymru ddwywaith am wthio'n gynnar. Roedd angen cais ar Ffrainc, felly 'nôl at y sgrym yr aethon nhw. Wrth i bethau ddirywio'n ddryswch llwyr, cafodd prop Ffrainc Uini Atonio driniaeth am gefn tost, cyn gadael gydag anaf i'w ben, yn ôl y meddyg. Daeth sgrymiwr gorau Ffrainc, Slimani, yn ôl ar y cae. Sawl cic gosb a sawl sgrym yn ddiweddarach, cafodd Samson Lee gerdyn melyn. Wedyn, honnodd George North fod rhywun wedi'i gnoi mewn sgarmes. Aeth y dyfarnwr Wayne Barnes at y dyfarnwr teledu – dim tystiolaeth, ymlaen â ni. Mwy o sgrymiau, mwy o giciau cosb. Yn y diwedd, ar ôl 100 o funudau, croesodd Damien Chouly, er nad oedd hi'n glir ei fod wedi tirio'r bêl. Trosodd Camille Lopez, ac roedd Ffrainc wedi ennill, 20–18, ar ôl ugain munud o amser ychwanegol.

I Seland Newydd, felly, a thaith Llewod 2017. Doedd y Llewod ddim wedi curo'r Crysau Duon ers 1971. Yn wir, dyna'r unig dro y llwyddodd y Llewod i osgoi colli'r gyfres. Daeth cais godidog yn y prawf cyntaf, wedi'i gychwyn gan Liam Williams, oedd yn atgoffa'r gwyliwr o gais enwog Gareth Edwards i'r Barbariaid 'nôl yn 1973. Ond collwyd y gêm honno. Cerdyn coch i ganolwr Seland Newydd, Sonny Bill Williams, yn gynnar yn yr ail brawf yn gwneud y gwahaniaeth – a cheisiau hwyr gan Conor Murray a Taulupe Faletau yn ddigon i unioni'r gyfres.

Cael a chael oedd y prawf olaf. Trosodd Owen Farrell gic gosb gyda munudau'n weddill i ddod â'r Llewod yn gyfartal. O'r ailddechrau, neidiodd Liam Williams i gystadlu am y bêl uchel gydag wythwr a chapten Seland Newydd, Kieran Read. Wrth iddi ddisgyn, aeth Ken Owens – y bachwr o Gaerfyrddin – i chwarae'r bêl, ond wedyn tynnu ei ddwylo'n ôl yn sydyn. Yn amlwg, roedd Ken yn poeni ei fod yn camsefyll, a chic gosb oedd penderfyniad Romain Poite, y dyfarnwr. Hyd yn oed flynyddoedd wedyn, mae'n anodd deall sut y llwyddodd Warburton, y capten, i berswadio Poite i ganiatáu sgrym yn lle cic gosb, ond dyna wnaeth e. Ar ôl munud arall o chwarae, aeth y bêl yn rhydd dros yr ystlys, ac roedd y gêm drosodd. Gêm gyfartal. Cyfres gyfartal. Tipyn o gamp i'r Llewod.

Hon, efallai, oedd eiliad fwyaf arwyddocaol Sam Warburton ar y cae rygbi. Petai'r gic gosb wedi sefyll, mae'n debygol iawn mai colli'r gêm a'r gyfres fyddai hanes y garfan. Hon, hefyd, oedd ei eiliad olaf ar y cae. Cymerodd Warburton saib am flwyddyn i geisio gwella ei gorff wedi'r holl anafiadau roedd wedi'u dioddef. Ond, flwyddyn yn ddiweddarach, bu'n rhaid iddo dderbyn fod ei yrfa ar ben. Un o gewri Cymru – 49 gêm fel capten dros ei wlad, a dwy daith ddiguro fel capten y Llewod.

# PENNOD 8: 2017–2019

# Cymru ar ben y byd

'Nôl i Gymru, a daeth buddugoliaeth arall yn erbyn De Affrica yng Nghaerdydd. Cymysglyd oedd canlyniadau'r hydref (colledion i Awstralia a Seland Newydd), a hefyd y Chwe Gwlad (colledion agos i Loegr ac Iwerddon).

Ond, gyda'r fuddugoliaeth yn erbyn yr Eidal a Ffrainc ganol mis Mawrth, dechreuodd un o gyfnodau mwyaf llwyddiannus Cymru.

Ym mis Mehefin, teithiodd Cymru i Stadiwm RFK yn Washington i herio De Affrica. Gwelwyd nifer o newidiadau i'r ddau dîm. Cymru aeth â hi, diolch i gais hwyr Ryan Elias. Trydedd fuddugoliaeth o'r bron dros Dde Affrica i Gymru. I lawr o Washington i'r Ariannin wedyn, a chyfres lwyddiannus unwaith eto.

Ers 2002, mae Cymru wedi chwarae tair neu bedair o gemau bob hydref yng Nghaerdydd. Yn 2018, enillodd Cymru bob un gêm yn y gyfres am y tro cyntaf erioed, wrth guro'r Alban, Awstralia, Tonga a De Affrica.

Naw buddugoliaeth allan o naw. Rhyfeddol.

Wrth gychwyn ar Bencampwriaeth Chwe Gwlad 2019, dadl Gatland oedd bod popeth yn dibynnu ar y gêm gyntaf ym Mharis. Petai Cymru'n curo Ffrainc, byddai gobaith am Gamp Lawn. Roedd geiriau Gatland yn swnio'n ffôl ar yr hanner – ceisiau i Louis Picamoles a Yoann Huget, a chicio Camille Lopez, yn rhoi mantais o 16–0 i'r Ffrancwyr. Fel adlais o 2005, daeth dau gais cyflym i Gymru yn gynnar yn yr ail hanner i ddod â nhw'n ôl o fewn dau bwynt. Yn hwyr yn y gêm, cymerodd George North gyfle i fynd am ryng-gipiad, a sgorio cais i sicrhau'r fuddugoliaeth. Doedd yr un tîm wedi dod yn ôl o ddiffyg o 16 pwynt neu fwy erioed o'r blaen yn holl hanes y bencampwriaeth.

Deg buddugoliaeth yn olynol. Gêm ddigon di-fflach yn Rhufain nesaf, ond buddugoliaeth arall. Un ar ddeg.

Lloegr, nesaf, oedd y gêm fawr. Doedd Cymru ddim wedi curo'r Saeson yn y bencampwriaeth ers 2013. Y tro hwn, Lloegr oedd ar y blaen tan y chwarter awr olaf. Wedyn daeth cais i Cory Hill i roi Cymru ar y blaen, a, funudau prin cyn y diwedd, neidiodd Josh Adams i'r awyr i ddal cic letraws Dan Biggar a chropian dros y llinell.

Deuddeg buddugoliaeth! Record i Gymru,

gan guro record tîm 1907–10. Ond doedd criw 2018–19 ddim wedi gorffen eto.

Gêm dynn oedd hi ym Murrayfield, ond roedd dau gais cynnar a chic gosb hwyr yn ddigon i fynd â rhif 13.

Gêm y Gamp Lawn felly, 'nôl yng Nghaerdydd, sef yr un gêm ag yn 2005. Iwerddon, ganol mis Mawrth. Mae statws to Stadiwm y Principality wastad yn destun dadl. Ar gyfer y gêm fawr, er gwaethaf y rhagolygon am dywydd gwlyb iawn, mynnodd Iwerddon gadw'r to ar agor. Daeth yr eiliadau pwysicaf yn gynnar. Cic fach daclus gan Anscombe i Parkes ddal y bêl a sgorio cais ar ôl munud yn unig. Bron yn syth, ciciodd rhif 10 Iwerddon, Johnny Sexton, ar draws y cae i'r asgellwr Jacob Stockdale. Roedd Stockdale yn glir, ond, yn wyrthiol, gweithiodd Hadleigh Parkes yr onglau'n berffaith i'w daclo ddeg metr yn brin o linell gais Cymru. O'r pwynt hwnnw ymlaen, Cymru oedd yn rheoli trwy waith y pac a chicio Anscombe. Erbyn hanner amser, roedd Cymru 16–0 ar y blaen. Dal i dagu'r Gwyddelod wnaeth Cymru yn yr ail hanner, a 25–0 oedd y sgôr wrth agosáu at yr amser am anafiadau ar ddiwedd y gêm. Sgoriodd Iwerddon gyda'r symudiad olaf i'w gwneud hi'n 25–7, ond doedd neb yn poeni am hynny.

Un deg pedwar buddugoliaeth o'r bron. Trydedd Gamp Lawn i Gatland. Pan gyhoeddwyd rhestr detholion Rygbi'r Byd ar 19 Awst 2019, Cymru oedd ar y brig. Y tro cyntaf a – hyd yn hyn – y tro olaf i Gymru gael eu hystyried yn swyddogol fel tîm gorau'r byd. Ie, dim ond am wythnos roedd y tîm yno – gyda dwy golled mewn gemau cyfeillgar yn erbyn Iwerddon ddiwedd y mis hwnnw, syrthiodd Cymru yn ôl.

Roedd gobeithion yn parhau'n uchel cyn Cwpan Rygbi'r Byd yn Japan ym mis Medi 2019. Ond cyn hyd yn oed teithio i Japan, collwyd chwaraewyr pwysig yn y gemau paratoi eto – Taulupe Faletau, Gareth Anscombe a Cory Hill y tro hwn.

Daeth dechreuad digon cadarn yn erbyn Georgia, cyn perfformiad clinigol yn yr hanner cyntaf yn erbyn Awstralia. Gôl adlam gan Biggar yn syth o'r gic gyntaf, cic letraws arall i greu cais i Hadleigh Parkes, a rhyng-gipiad gan y mewnwr Gareth Davies yn agor mantais sylweddol o 23 i 8 ar yr hanner. 'Nôl ddaeth Awstralia, ond roedd gan Gymru ddigon i ddal ymlaen. Pedwar pwynt oedd y fantais ar y diwedd. Am y tro cyntaf ers 1987, roedd Cymru wedi curo un o dri mawr hemisffer y de yng Nghwpan y Byd.

Roedd Ffiji'n gorfforol yn ystod hanner cyntaf

y gêm nesaf, ond enillodd Cymru o 12 pwynt yn y diwedd. Gorffwyswyd y prif chwaraewyr ar gyfer gêm olaf y grŵp yn erbyn Wrwgwái, cyn gêm yr wyth olaf yn erbyn Ffrainc.

Dilynodd y gêm fawr yr un patrwm â'r gêm ym Mharis ym mis Chwefror. Ceisiau yn y saith munud cyntaf gan Vahaamahina ac Ollivon yn agor mantais o 12 pwynt. Gwnaeth Aaron Wainwright yn dda i ddwyn y bêl a charlamu'n rhydd i dorri'r fantais ar ôl 11 o funudau. Ond gyda chais y canolwr Vakatawa ar ôl hanner awr, roedd Ffrainc ar y blaen o naw pwynt ar yr egwyl.

Vahaamahina – yr un chwaraewr a daflodd y bàs i alluogi George North i ennill y gêm ym Mharis – oedd y dihiryn eto, gan daflu penelin i ben Wainwright mewn sgarmes. Cerdyn coch i Vahaamahina, a chyfle i Gymru naddu'u ffordd yn ôl. Roedd cais hwyr Ross Moriarty yn ddigon i ennill y gêm yn y diwedd, ond roedd hi'n ofnadwy o agos.

Felly, am yr ail dro mewn wyth mlynedd – a dim ond y trydydd tro erioed – roedd Cymru wedi cyrraedd pedwar olaf Cwpan Rygbi'r Byd. Mewn gwirionedd, roedd y tîm bellach yn cael ei ddal at ei gilydd gydag Elastoplast. Roedd Josh Navidi a Liam Williams hefyd wedi eu hanafu erbyn hyn. Dywedwyd wrth y canolwr Jonathan Davies bod yr anaf a gafodd i'w goes yn erbyn Ffiji yn ddigon i orffen ei yrfa o gael ergyd arall – ond chwaraeodd yn erbyn De Affrica beth bynnag. Erbyn hanner amser, roedd George North a Tomas Francis hefyd wedi gorfod ymuno â'r criw yn ystafell y meddygon.

Ac eto, er pŵer De Affrica, roedd Cymru'n gystadleuol. Chwarter awr o'r diwedd, rhywfodd, llwyddodd Jonathan Davies i symud ddigon i greu cais i Josh Adams. Gyda throsiad Halfpenny, roedd Cymru yn gyfartal. Ond 'nôl y daeth y pŵer, ac yn y diwedd methodd Cymru â chreu cyfle arall. Cic gosb i Pollard gyda phum munud i fynd. Er y record dda yn erbyn De Affrica yng ngemau'r hydref, daeth Cymru a De Affrica benben â'i gilydd deirgwaith yng Nghwpan Rygbi'r Byd yn ystod y 2010au, a'r Springboks enillodd bob un gêm.

Gyda hynny, dyna ddiwedd ar gyfnod Gatland. Am y tro, o leiaf.

## PENNOD 9: 2019–2024

# Yn ôl i'r 90au?

FLWYDDYN CYN CWPAN RYGBI'R Byd yn Japan yn 2019, roedd Warren Gatland wedi dweud y byddai'n gadael ei swydd fel rheolwr y tîm cenedlaethol ar ddiwedd y twrnament. Penderfyniad Undeb Rygbi Cymru oedd penodi Wayne Pivac, prif hyfforddwr y Scarlets, a oedd wedi profi cymaint o lwyddiant. Roedden nhw hefyd yn chwarae rygbi agored, ymosodol – yn wahanol iawn i arddull Gatland. A dyna roedd nifer o gefnogwyr yn galw amdano. Felly, ym mis Tachwedd 2019, cymerodd Pivac yr awenau.

Cafwyd y dechreuad perffaith gyda buddugoliaeth hawdd dros yr Eidal, ond aeth pethau o chwith yn gyflym iawn. Cweir yn Nulyn yn erbyn Iwerddon, wedyn colli gartref yn erbyn Ffrainc am y tro cyntaf ers 2010. Er mai agos oedd y sgôr terfynol yn Twickenham, dau gais hwyr iawn gan Gymru oedd yn gyfrifol am hynny.

Dylai Cymru fod wedi chwarae'r Alban yng Nghaerdydd i orffen pencampwriaeth 2020, ond gohiriwyd y gêm. Roedd Covid wedi cyrraedd.

Ni chwaraewyd rygbi rhyngwladol eto tan hydref 2020. Roedd Stadiwm y Principality yn cael ei defnyddio fel ysbyty Covid, felly ym Mharc y Scarlets yn Llanelli y chwaraewyd gemau cartref hydref 2020. Chwaraewyd y gêm yn erbyn yr Alban oedd wedi'i gohirio ers y gwanwyn, gyda'r Alban yn ennill yng Nghymru am y tro cyntaf ers 2002. Collwyd yn drwm gartref i Loegr ac oddi cartref yn erbyn Iwerddon. Er cael buddugoliaethau yn erbyn yr Eidal a Georgia yn Llanelli, roedd Cymru bellach i lawr yn y nawfed safle ymhlith detholion y byd.

Bach iawn oedd y gobaith cyn Pencampwriaeth Chwe Gwlad 2021, ond cafodd Cymru dipyn o lwc. Gyda dyfarnwyr yn talu mwy o sylw i ergydion i'r pen, cafwyd cardiau coch i Peter O'Mahony o Iwerddon a Zander Fagerson o'r Alban yn y ddwy gêm gyntaf a wnaeth arwain at fuddugoliaethau i'r Cymry.

Roedd y gêm nesaf – mewn stadiwm wag yng Nghaerdydd – yn erbyn Lloegr, ac roedd y Goron Driphlyg ar gael. Dim cerdyn coch y tro hwn, ond mwy o lwc. Pan roddwyd cic gosb i Gymru o flaen y pyst, gofynnodd Owen Farrell – capten Lloegr – am ganiatâd y dyfarnwr i drafod y penderfyniad gyda'i dîm. Cyn iddyn nhw ddod 'nôl i'w safleoedd roedd Dan Biggar wedi codi cic letraws at yr ystlys chwith, lle daliodd Josh Adams y bêl a sgorio. Er protestiadau'r Saeson, safodd y cais. Wedyn, torrodd yr asgellwr newydd Louis Rees-Zammit ar hyd yr ystlys chwith, ond gollyngodd y bêl yn ddamweiniol ar ei droed. Stopiodd y Saeson, ond chwaraeodd Liam Williams ymlaen i blymio ar y bêl dros y llinell. Mwy o brotestiadau – eto roedd y cais yn sefyll.

Serch hynny, 'nôl ddaeth y Saeson i unioni'r sgôr. Ond Cymru orffennodd gryfaf, gyda cheisiau hwyr i Kieran Hardy a Cory Hill a chiciau cosb Callum Sheedy yn ddigon i sicrhau buddugoliaeth o 40 i 24 – y sgôr uchaf erioed i Gymru yn erbyn Lloegr. Y Goron Driphlyg wedi'i hennill am yr 22ain tro.

Ar ôl buddugoliaeth hawdd dros yr Eidal, Ffrainc oedd nesaf, a'r cyfle i ennill Camp Lawn ym Mharis am y tro cyntaf ers 1971.

Hwn oedd perfformiad gorau'r tymor gan Gymru, ond methwyd â rhoi digon o olau dydd rhwng y ddau dîm. Cerdyn coch arall – y tro hwn i'r chwaraewr ail reng Paul Willemse am daro pen Wyn Jones mewn sgarmes – ac roedd Cymru 30–20 ar y blaen gyda deg munud i fynd. Ond wedyn aeth pethau o chwith. Colli disgyblaeth – cardiau melyn i Liam Williams a Taulupe Faletau – a sgoriodd Ffrainc gais gyda thair munud i fynd i ddod 'nôl i 30–27. Gydag eiliadau'n weddill, Cymru oedd â'r bêl ar hanner ffordd, ond cosbwyd Cory Hill yn ardal y dacl. Ar ôl munudau o bwysau, croesodd Brice Dulin i sgorio. Torcalonnus i Gymru – dim Camp Lawn, ond roedd teitl rhif 28 yn ddiogel.

Parhaodd y patrwm o ddiffyg disgyblaeth gan y gwrthwynebwyr. Curwyd Ffiji ac Awstralia yn ystod hydref 2021, diolch yn rhannol i gardiau coch i'r ddau. Chwe cherdyn coch i wrthwynebwyr Cymru o fewn blwyddyn yn unig. O ran cymhariaeth, cymerodd y chwe cherdyn coch cyntaf i wrthwynebwyr Cymru 118 o flynyddoedd, rhwng 1888 a 2006.

Yng ngemau eraill yr hydref, collwyd gêm agos yn erbyn De Affrica, a chwalwyd Cymru gan y Crysau Duon o 54 i 16 – y tro cyntaf i'r Crysau Duon sgorio hanner cant o bwyntiau yng Nghaerdydd.

Doedd gan Pivac ddim y gallu i ailadrodd llwyddiant pencampwriaeth 2021 yn 2022. Un fuddugoliaeth yn unig – yn erbyn yr Alban. Pedair colled, gan gynnwys y gyntaf erioed gartref yn erbyn yr Eidal.

Taith i Dde Affrica oedd nesaf. Doedd Cymru

erioed wedi ennill gêm brawf yn Ne Affrica, a doedd dim disgwyl iddyn nhw wneud hynny yn erbyn gwlad oedd yn bencampwyr y byd, flwyddyn ar ôl iddyn nhw guro'r Llewod hefyd. Er hynny, roedd Cymru'n gystadleuol. Rhuthrodd y tîm allan i fantais o 18 i 3 erbyn yr hanner, ond cynyddwyd y pwysau gan y gwrthwynebwyr. Daeth pedwar cerdyn melyn, i Biggar, Rees-Zammit, Carré ac Alun Wyn Jones, cyn i'r bachwr ifanc Dewi Lake fynd drosodd yn hwyr i ddod â'r gêm yn gyfartal. Methodd Biggar y trosiad. Gyda symudiad olaf y gêm, gorfododd y Springboks gic gosb, a chollwyd y gêm ar y gic olaf.

Wythnos yn ddiweddarach, roedd Cymru yn ôl yn herio'r pencampwyr. Tair munud o'r diwedd, ymosododd Cymru tua'r ystlys chwith, ac roedd pàs hir Gareth Anscombe yn ddigon i roi Josh Adams i mewn yn y gornel. Trosodd Anscombe o'r ystlys, ac roedd Cymru o fewn munud i fuddugoliaeth hanesyddol. Y tro hwn, llwyddodd y tîm i ddal ymlaen – cic gosb yn y sgrym i Sam Wainwright yn rhoi'r cyfle i glirio ac ennill y gêm. Gwnaeth De Affrica 14 o newidiadau i'r tîm ar gyfer yr ail brawf, ond dylid cydnabod llwyddiant Cymru, yn enwedig o ystyried dyfnder carfan y Boks.

Aeth Cymru i gemau'r hydref gyda rhywfaint

o hyder, ond ffôl oedd hynny. Sgoriodd Seland Newydd 50 pwynt yng Nghaerdydd eto, a chollwyd i Georgia am y tro cyntaf erioed. Wythnos yn ddiweddarach, a Pivac dan bwysau, roedd Cymru'n wych am awr yn erbyn Awstralia, ac ar y blaen 34–13 gyda 22 munud i fynd. Chwalodd y ddisgyblaeth, cardiau melyn i Tipuric ac Elias, a daeth y Wallabies yn ôl i ennill 39–34.

Collodd Pivac ei swydd. Y dewis i gymryd ei le, er syndod i nifer, oedd Warren Gatland.

Doedd Gatland ddim wedi profi llwyddiant ers gadael Cymru. Colli wyth gêm allan o wyth yn Super Rugby gyda'r Chiefs yn Seland Newydd, a cholli cyfres gyda'r Llewod yn Ne Affrica yn 2021. Ond yr hen arwr oedd ar ben arall y ffôn i dderbyn yr alwad.

Roedd y Chwe Gwlad yn dipyn o agoriad llygad. 'Nôl yn 2008 daeth Gatland i'r swydd, a gyda dim ond ychydig wythnosau o baratoi arweiniodd y tîm at Gamp Lawn. Doedd ganddo ddim y gallu i greu gwyrth yn y Chwe Gwlad y tro hwn.

Bu Gatland yn feirniadol o Wayne Pivac am fethu â darganfod chwaraewyr newydd. Roedd Pivac yn ddibynnol iawn ar y chwaraewyr oedd wedi gweld cymaint o lwyddiant yn ystod y

2010au. Dywedodd Gatland, felly, y byddai'n arbrofi yn ystod ei Chwe Gwlad cyntaf. Gwelwyd chwaraewyr ifanc fel Dafydd Jenkins, Christ Tshiunza, Joe Hawkins, Jac Morgan ac eraill yn cymryd eu lle. Ond roedd y craidd profiadol yn parhau – North, Adams, Liam Williams, Biggar, Tipuric, Owens a Faletau yn eu plith.

Ond roedd y perfformiadau'n drychinebus.

Ar ôl ugain munud yn y gêm gyntaf yn erbyn Iwerddon yng Nghaerdydd, roedd Cymru'n colli 21–0. Erbyn hanner amser, roedd hi'n 27–3. Er iddyn nhw gael tipyn o feddiant, un cais yn unig sgoriodd Cymru, a chollwyd y gêm 34–10. Os oedd yr hanner cyntaf ym Murrayfield yr wythnos wedyn ychydig yn well, roedd yr ail hanner yn ofnadwy. Trodd sgôr o 13–7 ar yr hanner yn gweir 35–7, diolch i bedwar cais yn yr ail hanner i'r Alban. Buddugoliaeth fwyaf yr Alban dros Gymru erioed.

Gwell oedd y perfformiad yn erbyn Lloegr, ond eto doedd ymosod Cymru ddim yn creu digon o broblemau i'w gwrthwynebwyr. Rhynggipiad Louis Rees-Zammit oedd unig gais y tîm. Sgoriodd Lloegr deirgwaith i ennill 20–10. Bu bron rhaid canslo'r gêm cyn ei chwarae, oherwydd anghytundeb rhwng Undeb Rygbi Cymru a'r rhanbarthau. Heb gytundeb ariannol, roedd dros 70 o chwaraewyr yn wynebu colli eu swyddi ddiwedd y tymor. Bygythiad y chwaraewyr oedd y bydden nhw'n streicio. Ond aeth y gêm yn ei blaen ar ôl cytundeb dros dro.

Enillwyd un gêm ym mhencampwriaeth 2023, yn Rhufain yn erbyn yr Eidal. Collwyd y nesaf yn erbyn Ffrainc ym Mharis, er bod yna arwyddion mwy positif.

Ar y cae, cyhoeddwyd ymddeoliad Alun Wyn Jones a Justin Tipuric ar yr un diwrnod ym mis Mehefin 2023. Dyma ddau o gewri'r gêm, ymysg y gorau i chwarae i Gymru erioed. Erbyn iddo orffen, roedd gan Alun Wyn Jones 170 o gapiau rhyngwladol – 12 ohonyn nhw i'r Llewod ar draws pedair taith. Roedd ei 158 o gapiau dros Gymru yn cynrychioli 20% o'r holl gemau chwaraewyd gan Gymru erioed, mewn dros 140 o flynyddoedd. Roedd ei 48 gêm fel capten un yn brin o record Sam Warburton.

Dros yr haf, yn rhannol oherwydd problemau ariannol yn y gêm yng Nghymru, diflannodd nifer o chwaraewyr eraill. Ymunodd Rhys Webb, Cory Hill, Ross Moriarty ac eraill â chlybiau yn Ffrainc a Japan cyn Cwpan Rygbi'r Byd, a cholli'r twrnament.

Cymysg oedd Cwpan Rygbi'r Byd. Roedd pryderon na fyddai Cymru'n dianc o'r grŵp.

Mewn gêm danbaid curwyd Ffiji, diolch i gamgymeriad gan y canolwr Semi Radradra yn yr eiliad olaf, yn gollwng y bêl gyda'r llinell yn agored o'i flaen.

Awstralia oedd nesaf, a gwelwyd o bosib berfformiad gorau Cymru yn ystod ail gyfnod Gatland. Trwy chwarae'n ofalus, adeiladwyd mantais yn raddol. Daeth cais i Gareth Davies yn gynnar, Nick Tompkins ar ddechrau'r ail hanner, a Jac Morgan yn yr eiliadau olaf. 40–6 oedd y sgôr terfynol – buddugoliaeth fwyaf Cymru dros Awstralia, a cholled fwyaf Awstralia yn erbyn unrhyw un yng Nghwpan Rygbi'r Byd.

Doedd dim modd cadw'r gwelliant i fynd. Perfformiad gwael gafwyd yn erbyn yr Ariannin yn y chwarteri. Gwell na'r disgwyl, efallai. Ond ddim cystal ag roedd pobl wedi'i obeithio ar ôl y perfformiad yn erbyn Awstralia.

Ar ôl y twrnament, symudodd Gareth Anscombe a Liam Williams i Japan, Rhys Patchell a Leigh Halfpenny i Seland Newydd, a Tomas Francis a Dan Biggar i Ffrainc – yr un ohonyn nhw felly ar gael ar gyfer Chwe Gwlad 2024.

'Nôl i'r Chwe Gwlad, ac roedd 2024 yn ofnadwy. Colli pob un gêm am y tro cyntaf ers 2003. Roedd yna arwyddion positif yn erbyn yr Alban a Lloegr – perffomiadau anghyson ond da ar brydiau. Ond wrth i'r bencampwriaeth fynd yn ei blaen, gwaethygu wnaeth y perfformiadau. Collwyd y gêm olaf yn erbyn yr Eidal yng Nghaerdydd. 24–21 i'r Eidal oedd y sgôr terfynol, ond dim ond dau gais hwyr i Will Rowlands a Mason Grady wnaeth y sgôr mor agos.

Cyhoeddodd Ken Owens ei ymddeoliad yn haf 2024, a George North ei ymddeoliad o'r gêm ryngwladol yr un pryd.

Gorffennodd North gyda'r drydedd nifer fwyaf o gapiau (121) a'r ail nifer fwyaf o geisiau (47). Bu'n seren – oedd ymysg y chwaraewyr rygbi gorau ar y blaned – am gyfnod yn gynnar yn ei yrfa. Wrth iddo heneiddio, symudodd o'r asgell i chwarae fel canolwr, ac roedd yn dal i fod yn ddewis cyntaf wrth iddo roi'r gorau i'r gêm ryngwladol.

Os oedd yna un o dimau mawr traddodiadol y byd wedi dioddef gwaeth cyfnod na Chymru yn 2023–24, yna'r Wallabies oedd y rheiny. Wrth lwc, Awstralia oedd lleoliad taith haf 2024. Roedd rheolwr newydd wrth y llyw sef Joe Schmidt, ac roedd nifer o chwaraewyr newydd yn y garfan gan nad oedd eu cewri arferol ar gael. Digalon braidd oedd y prawf cyntaf – y sgarmes symudol oedd unig arf ymosodol Cymru. Ond gwelwyd gwelliant yn yr ail brawf wrth i dîm hynod o ddibrofiad Cymru sgorio pedwar cais, gyda chriw ifanc yn cynnwys Rio Dyer, Mason Grady ac yn enwedig y capten Dewi Lake yn gwneud eu marc. Serch hynny, ddaeth dim buddugoliaeth heblaw yng ngêm olaf y daith yn erbyn talaith Queensland. Erbyn diwedd Gorffennaf 2024, roedd Cymru wedi colli naw gêm brawf, heb gael yr un fuddugoliaeth yn y flwyddyn galendr, ac roedden nhw nawr yn yr 11eg safle ymhlith rhestr detholion y byd – y tro cyntaf erioed iddyn nhw beidio â bod yn y deg uchaf.

Wrth ddechrau tymor 2024–25, bydd hyd yn oed llai o chwaraewyr gorau Cymru yn chwarae yn y wlad. Ond pam fod cymaint o chwaraewyr yn gadael?

Bydd cyllidebau'r rhanbarthau proffesiynol yn cael eu torri o tua £6.5m yr un yn 2022/23 i £4.5m yn 2024/25. Daw hyn yn sgil penderfyniad Undeb Rygbi Cymru i leihau eu taliadau i'r clybiau o oddeutu £30m i £18m dros y cyfnod. Mae'r rhanbarthau felly yn wynebu dipyn o her. Nid yw'n syndod mai dim ond y Gweilch o bedwar clwb proffesiynol Cymru a orffennodd yn yr wyth uchaf yn y Bencampwriaeth Rygbi Unedig (URC) yn 2024, ac na fydd yr un o'r pedwar ym mhrif gystadleuaeth Ewrop yn 2024-25. Mae'r rhanbarthau hefyd yn talu'n ôl benthyciad ar ran yr Undeb.

Ar ben y frwydr ariannol, bu rhagor o drafferthion i'r Undeb. Daeth straeon negyddol i'r amlwg ddechrau 2023 oedd yn profi bod menywod, yn enwedig, yn cael eu trin yn wael a'u hanwybyddu o fewn yr Undeb. Gadawodd y prif weithredwr, Steve Phillips, ei swydd.

Does dim arwydd y bydd pethau'n gwella yn gyflym chwaith. Heb yr arian i ddatblygu chwaraewyr a'u cadw yng Nghymru, dyw'r timau ddim yn gallu cystadlu gyda'r goreuon. Mae tipyn o waith gan yr Undeb i'w wneud felly.

Ond, ar y llaw arall, rydyn ni wedi gweld cyfnodau tywyll fel hyn yn y gorffennol. Yn yr 1980au, roedd chwaraewyr yn gadael i chwarae gêm rygbi'r gynghrair. Pan drodd y gêm yn broffesiynol, roedd y chwaraewyr yn chwarae i glybiau rygbi'r undeb Lloegr. Bu'r Undeb mewn trafferthion ariannol anferth hefyd yn 2002. Roedd y broses o symud o naw clwb proffesiynol i bump ac wedyn pedwar rhanbarth yn hynod o anodd.

Y wers yw bod pethau yn aml yn ymddangos yn anobeithiol ym myd rygbi Cymru. Ond mae yna wastad gyfle i newid pethau er gwell. Efallai nad yw'r sefyllfa erioed wedi edrych mor anodd â hyn, ond mae angen cadw'r ffydd, dal i gredu, a chynnal y gobaith y bydd y ddraig yn deffro unwaith eto.

# Atodiadau

## Ffeithiau (hyd at Gorffennaf 2024)

### Nifer fwyaf o gapiau dros Gymru

| | |
|---|---|
| Alun Wyn Jones | 158 |
| Gethin Jenkins | 129 |
| George North | 121 |
| Dan Biggar | 112 |
| Taulupe Faletau | 104 |
| Stephen Jones | 104 |
| Leigh Halfpenny | 101 |
| Gareth Thomas | 100 |
| Martyn Williams | 100 |
| Jonathan Davies | 96 |
| Adam Jones | 95 |
| Colin Charvis | 94 |

### Nifer fwyaf o bwyntiau dros Gymru

| | |
|---|---|
| Neil Jenkins | 1049 |
| Stephen Jones | 917 |
| Leigh Halfpenny | 801 |

| Dan Biggar | 631 |
| --- | --- |
| James Hook | 352 |
| Paul Thorburn | 304 |
| Shane Williams | 290 |
| George North | 235 |
| Arwel Thomas | 211 |
| Gareth Thomas | 200 |
| Phil Bennett | 166 |
| Ieuan Evans | 157 |

## Nifer fwyaf o geisiau dros Gymru

| Shane Williams | 58 |
| --- | --- |
| George North | 47 |
| Gareth Thomas | 40 |
| Ieuan Evans | 33 |
| Colin Charvis | 22 |
| Josh Adams | 21 |
| Liam Williams | 21 |
| Gerald Davies | 20 |
| Gareth Edwards | 20 |
| Tom Shanklin | 20 |
| Rhys Williams | 18 |
| Alex Cuthbert | 17 |

## Termau

### Sgorio/ar y cae / Scoring/on the field

| | |
|---|---|
| ardal y dacl | tackle area |
| cais/ceisiau | try/tries |
| cell gosb | sin bin |
| cic gosb | penalty |
| cic letraws | cross-field kick |
| dyfarnwr | referee |
| eilydd | substitute |
| gôl adlam | drop goal |
| hyfforddwr | referee |
| llinell | line-out |
| llinell gais | try-line |
| llinell gwsg | dead-ball line |
| llumanwr | touch judge |
| pàs wrthol | reverse pass |
| safle gosod | set piece |
| sgarmes symudol | maul |
| sgrym | scrum |
| tacl | tackle |
| trosedd | offence |
| trosgais | converted try |

| | |
|---|---|
| trosi | to convert |
| trosiad | conversion |
| ystlys | touchline |

## Cystadlaethau/Sefydliadau

| | |
|---|---|
| Cwpan Rygbi'r Byd | Rugby World Cup |
| Pencampwriaeth y Chwe Gwlad | Six Nations Championship |
| Rygbi'r Byd Saith bob ochr | World Rugby Sevens (seven-a-side) |
| Undeb Rygbi Cymru | Welsh Rugby Union |

## Gwledydd

| | |
|---|---|
| Awstralia/Wallabies | Australia/Wallabies |
| De Affrica/Springboks | South Africa/Springboks |
| Ffrainc/Ffrancwyr | France/the French |
| Iwerddon/Gwyddelod | Ireland/the Irish |
| Lloegr/Saeson | England/the English |
| Seland Newydd / y Crysau Duon | New Zealand/ the All Blacks |
| Yr Alban/Albanwyr | Scotland/the Scottish |
| Yr Eidal/Eidalwyr | Italy/the Italians |